Gärtnern für Erbsen—zähler

Gärtnern für Erbsen— zähler

100 unkomplizierte ideen einen Garten mit kleinem Budget zu gestalten

Alex Mitchell

Fotos von Sarah Cuttle

KOSMOS

Für meine Großmutter, eine inspirierende Gärtnerin

Aus dem Englischen übersetzt von Dr. Wolfgang Hensel.
Titel der Originalausgabe: Gardening on a shoestring.
Erschienen bei Kyle Books, an imprint of Kyle Cathie Ltd,
unter ISBN 978 0 85783 265 8.
© 2015. Text © Alex Mitchell

Bildnachweis
Fotos © Sarah Cutler. Außer S. 90, 107 © Peter Cassidy; S. 138, 150, 153 ©
Julie Watson; S. 63 © Alamy; S. 55, 67 © GAP.
Illustrationen © 2015 Rosie Scott

Impressum
Umschlaggestaltung von Claudia Eder – Konzept und Gestaltung. Unter
Verwendung der Farbzeichnungen von Rosie Scott, außer Erbsenranke auf
der Umschlagvorderseite von iStock.by Getty Images.

Mit 178 Farbfotos und 28 Farbzeichnungen

Unser gesamtes lieferbares Programm und viele
weitere Informationen zu unseren Büchern,
Spielen, Experimentierkästen, DVDs, Autoren und
Aktivitäten finden Sie unter **kosmos.de**

Für die deutschsprachige Ausgabe:
© 2016, Franckh-Kosmos Verlags-GmbH & Co. KG, Stuttgart.
Alle Rechte vorbehalten
ISBN 978-3-440-14926-3
Projektleitung: Birgit Grimm
Redaktion: die grüne Note/Lars Weigelt, Dresden
Gestaltungskonzept: Kyle Books
Gestaltung und Satz: DOPPELPUNKT, Stuttgart
Produktion: Jürgen Bischoff
Printed in China / en Chine

INHALT

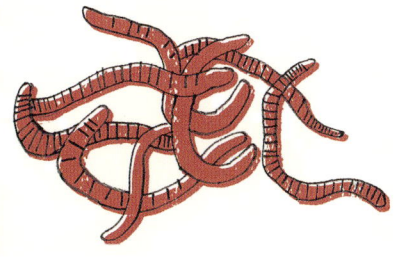

So
wird man zum
sparsamen
Gärtner

Jeder kennt das – man gibt viel Geld für Pflanzen, Werkzeuge und jede Menge Kunststoff aus, schleppt alles nach Hause und vertraut darauf, dass daraus auf geheimnisvolle Weise ein toller Garten entsteht. Tatsächlich ist dieser Kram aber nicht notwendig, um ein erfolgreicher Gärtner zu sein.

Manches kostet gar kein Geld. Von kostenlosen Gartenmöbeln bis zum eigenen Schnittblumenbeet – spart den Floristen – gibt es eine Menge von nützlichen und cleveren Tricks, die Kosten gering zu halten. Und wenn Sie schon Geld in die Hand nehmen, dann helfen Ihnen die folgenden Tipps, den besten Gegenwert zu bekommen. Sei es, um wirklich gesunde Pflanzen zu kaufen oder, um ein Schnäppchen zu machen.

Sie müssen kein Experte sein. Alle Projekte in diesem Buch sind machbar. Zur besseren Übersicht sind sie in vier Kategorien mit ansteigender Schwierigkeit eingeteilt:

ein Kinderspiel

etwas kniffelig

ziemlich einfach

ziemlich anspruchsvoll

Lernen Sie Ihren Garten kennen

Lernen Sie ihren Garten gründlich kennen, bevor Sie auch nur einen Cent investieren. Wo ist es sonnig, wo hässlich und so weiter. Damit bekommen Sie nicht nur einen Überblick über vorhandene Pflanzen, sondern verschwenden auch kein Geld für den Kauf von neuen. Sie träumen von einer blühenden Bougainvillea, die an der Hauswand hochklettert? In einer kalten Region erfriert sie schon im ersten Winter. Oder lieben Sie die üppigen Blätter von Funkien? Ohne einen Platz im Schatten werden sie rasch verkümmern.

Natürlich klingen Sprüche wie, „die richtige Pflanze am richtigen Standort", altklug und nervig, und wir alle beugen hin und wieder die Regeln, doch gerade am Anfang sollte man im Garten auf Nummer sicher gehen. Wählen Sie daher nur Pflanzen aus, die sich unter den herrschenden Bedingungen wohl fühlen. Wenn das Pflanzenschildchen „volle Sonne" verlangt, muss die Pflanze den ganzen Tag in der Sonne stehen. Steht da „Halbschatten", dann braucht sie einen Standort mit einigen Stunden direkter Sonne und etwas lichtem Schatten – etwa von einem Baum.

Gartenwissen: **Checkliste**

- Bestimmen Sie mit einem Kompass (jedes Smartphone hat einen) die Himmelsrichtungen im Garten. Stellen Sie sich an die Tür zum Garten und halten Sie den Kompass waagerecht vor sich hin. Auf der Nordhalbkugel sind Gärten, die nach Westen oder Süden zeigen, besonders sonnig. Gärten, die nach Norden und Osten zeigen, bekommen weniger Sonne (auf der Südhalbkugel ist es genau umgekehrt).

- Achten Sie auf hohe Gebäude oder Bäume, die den Garten beschatten könnten. Da die Sonne in etwa im Osten auf- und im Westen untergeht, wandern unter Umständen im Tagesverlauf Sonnen- und Schattenflächen über Ihren Garten. Bedenken Sie weiterhin, dass die Sonne im Sommer höher steht: Einige Schattenflächen sind daher im Sommer kleiner als im Winter.

- Als Nächstes ist der Wind an der Reihe. Liegt der Garten windgeschützt? Schützen ihn ein Zaun oder eine Mauer vor Windböen oder schüttelt ein stürmischer Wind die Sträucher hin und her? Ist der Garten nahe am Haus besser geschützt als in entfernten Ecken?

- In welcher Klimaregion liegt der Garten? Ist der Winter frostreich? In Küstengärten ist die Frostgefahr nicht so hoch, dafür weht der Wind stärker. In Stadtgärten ist es meist mehrere Grade wärmer als in Gärten auf dem Land.

- Ist der Garten eben oder geneigt? Der untere Abschnitt eines Hanggartens ist meist kühler, weil kalte Luft absinkt, vor allem, wenn sie nicht ausweichen kann (daher haben alte, ummauerte Hanggärten stets eine Tür in der tiefsten Mauer).

- Jetzt kommt der Boden an die Reihe. Drücken Sie eine Handvoll Erde zusammen. Fühlt sich die Erde körnig an und lässt sich nicht zu einer Kugel ballen? Dann haben Sie sandigen Boden. Wenn Sie dagegen eine Kugel oder gar eine Rolle formen können, ist der Tongehalt hoch. Weißliche Böden enthalten wahrscheinlich Kalk. Sandige Böden sind leicht, tonige Böden schwer. Der Boden ist wichtig für die Auswahl der Pflanzen, denn jede Art bevorzugt einen bestimmten Bodentyp. Auf guten Pflanzenschildchen sollte der „Lieblingsboden" angegeben sein.

- Suchen Sie nach Pflanzen, die in Ihrem Garten gut wachsen. Berücksichtigen Sie auch die Pflanzen in den Gärten Ihrer Nachbarn und in der Umgebung. Pflanzen, die prachtvoll gedeihen, sind standortgerecht. Manche Arten lieben natürlicherweise saure, andere bevorzugen basische Böden. Wenn die Hortensien überall blau blühen, ist der Boden garantiert sauer.

Erst beschneiden, dann vernichten

Wer in ein Haus mit etabliertem Garten einzieht, den erfasst häufig die Panik: Der Garten ist zugewachsen, Kletterpflanzen wuchern und die Sträucher sind so dicht, dass sie den Ausblick versperren und alles beschatten. Jetzt bloß nicht dem ersten Impuls nachgeben und alles ausreißen, sonst stehen Sie bald auf einer nackten Fläche ohne Charakter. Zu spät fällt Ihnen dann auf, dass der große immergrüne Busch die Mülltonnen des Nachbarn versteckte und ein nackter Zaun ohne Grün, nun ja, ziemlich nackt aussieht. Also füllen Sie den Karren im Gartencenter mit neuen Kletterpflanzen und Sträuchern, um die Lücken zu füllen. Statt der vorhandenen Sträucher, die sich bestens etabliert hatten, stehen jetzt Jungpflanzen im Garten – oft sogar die gleichen Arten – die Jahre brauchen, bis sie so gut aussehen wie die einstigen Garten-Originale. Klingt nicht besonders sinnvoll, oder?

Die meisten außer Form geratenen Gehölze lassen sich mit einer Astschere bestens wieder in Form bringen. Es kostet Sie nur wenig Mühe und der traurige Lorbeerbaum wird zur eleganten Kugel; schneiden Sie die unteren Zweige großer Bäume oder Sträucher ab, um wieder mehr Licht in das Gehölz zu lassen. Greifen Sie lieber zur Astschere als zur Schubkarre – vielleicht lässt sich sogar die alte Hundsrose noch retten …

Versetzen statt aufgeben

Manchmal ist der Standort das Problem, nicht die Pflanze. Statt eine im Weg stehende Pflanze auszureißen und zu entsorgen, ist es möglicherweise sinnvoller, sie an eine andere, günstigere Stelle umzusetzen.
Eine etablierte Pflanze, die im Spätwinter/ Vorfrühling umgesetzt wird, hat bessere Chancen, sich wieder zu erholen.
Versorgen Sie die umgesetzte Pflanze mit reichlich frischem Gartenkompost.

Pflanzen, die bis 30 cm über dem Boden abgeschnitten werden dürfen

- *Abelia* x *grandiflora*
- *Clematis* (Waldrebe)
- *Cotoneaster* (Zwergmispel)
- *Hedera* (Efeu)
- *Osmanthus* (Duftblüte)
- *Wisteria* (Blauregen)
- *Rosa* (Rose)
- *Pyracantha* (Feuerdorn)

Pflanzen, die bis 60 cm über den Boden abgeschnitten werden dürfen

- *Jasminum* (Jasmin)
- *Lonicera* (Geißblatt)
- *Fallopia* (Schlingknöterich)

Pflanzen, die bis auf ein Gerüst von Zweigen zurückgeschnitten werden

Schneiden Sie die Triebe jeweils bis auf eine Knospe oder Haupttrieb zurück.

- *Passiflora* (Passionsblume)
- *Escallonia* (Andenstrauch)
- *Callistemon* (Zylinderputzer)

Pflanzen, die über mehrere Jahre lang zurückgeschnitten werden

Jedes Jahr drei Triebe bis zum Boden, die anderen bis zur Hälfte abschneiden.

- *Forsythia* (Forsythie)
- *Hydrangea* (Hortensie)
- *Magnolia* (Magnolie)

Jäten und Ernten

Da viele Gartenneulinge fürchten, Unkräuter nicht von „guten Pflanzen" unterscheiden zu können, lassen sie entweder alles stehen oder reißen alles aus. Dabei könnten sich zwischen Brennnesseln, Wald-Bingelkraut oder Giersch allerlei Schätze verstecken – wunderschöne Pflanzen, die nur darauf warten, endlich befreit zu werden. Suchen Sie im Internet nach den häufigsten Unkräutern und prägen Sie sich deren Aussehen ein. Fragen Sie im Zweifelsfall Nachbarn oder Verwandte.

Unter Unkräutern und wucherndem Gras verstecken sich aber nicht nur Pflanzen. In alten Gärten, die mehrfach den Besitzer gewechselt haben, liegen oft nützliche Funde, von massiven Steinplatten über praktische Ziegelsteine bis zu brauchbaren Blumentöpfen.

Clever gärtnern

Internetseiten mit Fotos von Keimlingen sind beim Jäten äußerst hilfreich.
Auf www.theseedsite.co.uk finden Sie über 800 Fotos von gerade ausgekeimten Gartenpflanzen. Damit lässt sich wunderbar entscheiden, was Unkraut und was Zierpflanze ist.

Lassen Sie hässliche Objekte verschwinden

Manchmal bewirkt ein farbiger Anstrich wahre Wunder. Unschöne Gartengebäude, Zäune oder Mauern verschmelzen mit dem Hintergrund, wenn sie in zurückhaltendem Dunkelgrau oder gedeckten Farbtönen, die mit dem Umfeld harmonieren, angestrichen werden. Simsalabim, weg sind sie – viel billiger als ein kostenintensiver Neubau!

Erst fragen, dann kaufen!
Ein schöner Garten, der mit Stecklingen, gesammelten Samen oder geteilten Stauden bepflanzt wird, kostet nichts. Manchmal entsteht so ein hübsches Blumenbeet (fast) aus dem Nichts. Wenn Sie das nächste Mal Verwandte, Freunde oder Nachbarn besuchen, werfen Sie einen schnellen Blick in den Garten und fragen, ob Sie sich bedienen dürfen.
Siehe auch Kostenlos zu neuen Pflanzen, S. 110.

Der Einkauf

Beim Pflanzenkauf verfällt man leicht in einen Kaufrausch. Wenn Sie diese Regeln befolgen, können Sie Ihren Wünschen freien Lauf lassen, ohne das Budget zu sprengen.

Viele Pflanzen lassen sich schnell und einfach aus Samen kultivieren. Ein Samentütchen mit 100 Samen kostet nur ein Fünftel einer ausgewachsenen Pflanze – Sie brauchen keine Mathematik, um sich die Ersparnis auszurechnen. Einjährige (Blütenpflanzen, die innerhalb einer Saison keimen, blühen und sterben) eignen sich besonders gut zur Aussaat. Damit können Sie innerhalb einiger Monate ein ganzes Beet mit bunten Blüten füllen. Im nebenstehenden Kasten finden Sie einige günstige Kandidaten.
Die Samen werden ab Mitte Frühling bis in den Hochsommer direkt in ein sonniges, glatt gerechtes Beet gesät und reichlich gegossen. Sammeln Sie die Samen, sobald die Pflanzen Samen bilden (siehe S. 110).

Einjährige, die sich leicht aus Samen kultivieren lassen

Kapuzinerkresse (*Tropaeolum*)

Gartenwicken (*Lathyrus*)

Schmuckkörbchen (*Cosmos*)

Jungfer-im-Grünen (*Nigella damascena*)

Ziertabak (*Nicotiana sylvestris*)

Kornblume (*Centaurea cyanus*)

Schlafmützchen (*Eschscholzia californica*)

Große Knorpelmöhre (*Ammi majus*)

So verschwenden Sie weder online noch …

Der Pflanzenkauf im Internet ist einfach und macht viel Spaß: Man muss weder einen Wagen schieben noch die alphabetisch geordneten Schildchen entziffern und ist nicht frustriert, weil die gewünschte Pflanze nicht vorrätig ist. Stattdessen tippt man den Namen ein, tätigt ein paar Klicks, und wartet auf den Briefträger. Mit den folgenden Tipps geben Sie nicht mehr Geld aus als wirklich nötig.

Lieferung sichern. Geben Sie bei der Bestellung eine Ersatzadresse an, falls Sie nicht zu Hause sind. In einem heißen Lager überleben Pflanzen im Karton nicht lange und das Letzte, was Sie wollen, wären vertrocknete Pflanzen, die Sie mit Mehrkosten neu bestellen müssten.

Sammelbestellung. Die Ware wird kostenpflichtig von der Post oder einem Lieferdienst ins Haus gebracht. Wenn Sie mit Freunden eine Sammelbestellung organisieren, teilen Sie sich die Kosten. Manche Versender bieten sogar Rabatte an, wenn mehrere Exemplare derselben Pflanze bestellt werden.

Umsehen. Häufig haben große Anbieter gute Angebote, aber bei Rosen, Obstbäumen oder Heckenpflanzen sind spezialisierte Gärtnereien oft günstiger – schauen Sie auch bei eBay.

Wie groß? Prüfen Sie vor der Bestellung, wie groß die gelieferten Pflanzen sind. Gewöhnlich werden sie nach Topfgröße verkauft – von 9 cm für kleine Pflanzen bis 12-Liter-Kübel für Bäume. Beim Preisvergleich kann die Größe entscheidend sein, sonst erweist sich das Schnäppchen als Minipflänzchen von der Größe einer Streichholzschachtel.

Vorausplanen. Pflanzen wachsen ziemlich schnell. Kleine Exemplare sind nicht nur billiger, sie wachsen häufig auch besser an und holen die großen Exemplare bald ein. Ein großer Wurzelballen trocknet leichter aus als ein kleiner.

Langsam vorgehen. Mithilfe von Stecklingen oder geteilten Pflanzen lässt sich der Pflanzenbestand sehr leicht vergrößern (siehe *Kostenlos zu neuen Pflanzen*, S. 110). Lassen Sie sich ein

paar Jahre Zeit und kaufen Sie jedes Jahr nur einige Pflanzen einer Sorte. Da man Schnittlinge nach kurzer Zeit abnehmen kann, dauert es gar nicht lange, bis der Bestand wächst.

Abwarten und Tee trinken. Viele Züchter stellen zum Ende der Saison Paketangebote zusammen, vor allem von Arten mit nackten Wurzeln, wie Obstbäume und Heckenpflanzen, die in der Ruhezeit eingepflanzt werden müssen. Behalten Sie die Preise im Auge. Wenn die Preise zum Beginn des Frühjahrs sinken, warten Sie noch etwas ab und schlagen dann zu. Mit dem richtigen Timing kommen Sie billig und rechtzeitig an gute Pflanzen.

Rechts Schlafmützchen wachsen problemlos aus Samen aus.

… in Gartencentern und Gärtnereien Ihr Geld

Beim Pflanzenkauf denken wir gewöhnlich an Gartencenter und Gärtnereien. Dabei haben auch viele Baumärkte überraschend gute und preiswerte Samen und Obstgehölze im Angebot. Auch in Supermärkten, auf Tauschbörsen oder Bauernmärkten findet man häufig gute Pflanzen.

Clever gärtnern

Lassen Sie sich beim Einkauf nicht von üppigen Blüten verführen. Gartencenter setzen die blühenden Exemplare gerne verkaufsfördernd in den Vordergrund, doch blühende Pflanzen sind nach einer oder zwei Wochen abgeblüht. Suchen Sie stattdessen nach Exemplaren mit geschlossenen Knospen. Warten Sie bei Sträuchern und Stauden bis zum Ende des Sommers. Dann wollen Gartencenter ihre Lager leeren und bieten Sonderangebote an. Der Herbst ist eine gute Zeit zum Pflanzen und bis zum nächsten Frühling haben sich die Neulinge in Ihrem Garten etabliert.

Gesunde Pflanzen kaufen:
Checkliste

● Vertrauen Sie Ihrem Bauchgefühl. Kaufen Sie niemals eine Pflanze, die nicht gesund aussieht. Es lohnt sich nicht, eine kümmernde Pflanze mühsam gesund zu pflegen. Außerdem könnte sie eine Krankheit einschleppen, die andere Pflanzen befällt. Kaufen Sie keine Pflanzen mit braunen oder eingerollten, abgestorbenen oder dunkel gefleckten Blättern. Klebrige Blätter deuten auf Blattläuse, Gespinste auf Spinnmilben hin.

● Drehen Sie den Topf um und prüfen Sie, ob die Wurzeln herauswachsen. Pflanzen mit dicht verfilzten Wurzeln lösen sich nur schwer aus dem Topf und wachsen schlecht an. Nehmen Sie eine andere.

● Ziehen Sie die Pflanze aus dem Topf und sehen Sie sich die Wurzeln an. Wenn sie rund um den Ballen gewachsen sind, nehmen Sie eine andere. Der Ballen solcher Pflanzen lässt sich kaum lösen und breitet sich nicht wie nötig in die Erde aus.

● Moos, Unkraut, Lebermoos und Flechten auf dem Substrat lassen vermuten, dass die Pflanze schon zu lange in ihrem Container steht. Damit scheidet sie zwar nicht grundsätzlich aus, aber vor dem Auspflanzen sollten Sie das oberflächliche Substrat ein paar Zentimeter tief abkratzen, damit sich weder Schimmelpilze noch Unkräuter ausbreiten.

Einpflanzen

Geben Sie Ihren Pflanzen einen guten Start ins Leben.

Graben Sie mit einer Pflanzschaufel oder einem Spaten ein Loch, das etwas größer ist als der Ballen.

Drehen Sie den Topf um. Unterstützen Sie das Substrat mit einer gespreizten Hand (dabei möglichst weder Stängel noch Knospen berühren), mit der anderen Hand drücken Sie die Pflanze aus dem Topf. Sollte sich der Ballen nicht lösen, drücken Sie den Container seitlich zusammen. Stoßen Sie den Ballen bei festen Töpfen mit einem Stock durch das Dränageloch.

Prüfen Sie vor dem Einpflanzen, ob Unkräuter aus dem Substrat wachsen; entfernen Sie alle Unkräuter. Lebermoose auf der Oberfläche (siehe links) werden einfach mit den Fingern abgezupft.

Lockern Sie den Ballen vorsichtig mit den Fingern etwas auf, damit die Wurzeln gut in die Erde einwachsen. Verfilzte oder fest um den Ballen gewachsene Wurzeln werden möglichst gründlich „entwirrt", allerdings ohne die Wurzeln zu beschädigen.

Setzen Sie die Pflanze in das Pflanzloch. Sie muss in derselben Tiefe stehen wie im Container. Zu tief eingepflanzte Ballen werden staunass, zu hohe könnten leicht austrocknen. Legen Sie einen Stab über das Loch und prüfen Sie, ob die Substratoberfläche bündig abschließt.

Wenn die Tiefe stimmt, wird das Loch mit der ausgehobenen Erde gefüllt. Sortieren Sie Steine und feste Erdklumpen aus. Je nach Größe der Pflanzen wird der Ballen mit den Händen oder Füßen fest angedrückt, ohne die Pflanze zu beschädigen. Gründlich gießen und die Pflanze in Ruhe lassen.

Zimmerblumen für den kleinen Einsatz

Ein Schnittblumengarten mit Blumen, die nur für die Vasen im Haus gedacht sind, klingt nach Luxus, lässt sich aber in jedem mittelgroßen Garten einrichten – 2 × 3 m Beetfläche reicht schon aus. Liebhaber üppiger Blumensträuße sparen mit diesem Blumengarten im Sommer ein kleines Vermögen. Sie können Ihre Wohnung stets mit frischen Blumen dekorieren oder Ihre Freunde mit Geschenken erfreuen, ohne den übrigen Garten plündern zu müssen.

Diese Samenmischung garantiert Ihnen ab dem Hochsommer bis zu den ersten Frösten wunderschöne Blüten und Blätter. Fassen Sie die Tipps als Vorschlag auf. In Samenhandlungen und im Internet finden Sie zahllose weitere Angebote, insbesondere für kleine Gärten, deren Kauf sich lohnt. Probieren geht über …

Sie brauchen

Eine Fläche von 2 × 3 m ohne Unkräuter und Steine; zu einem feinen Saatbeet glatt rechen
Bandmaß
Gartenschnur
Zweige oder Stöcke
Gartenschere
6 Samentütchen: *Bupleurum griffithii*, *Rudbeckia hirta* 'Marmalade', *Cosmos* 'Sensation Mixed', Kornblume 'Blue Ball', *Ammi majus*, *Agrostemma githago* (Kornrade)
Rechen
Gießkanne mit Brausekopf/Gartenschlauch

Wann?
Frühlingsmitte bis -ende

So wird's gemacht!
Teilen Sie die Fläche in sechs gleich große Quadrate – mit Stöcken und Gartenschnur markieren. Säen Sie in jedes Quadrat eine andere Sorte; vorsichtig einrechen und gut gießen. Jäten Sie regelmäßig und halten Sie die Schnecken fern, bis sich die Jungpflanzen etabliert haben.

Links Die Quadrate mit unterschiedlichen Sorten erleichtern die Ernte und das Jäten.
Rechts Bei regelmäßigem Schnitt bilden die Pflanzen den ganzen Sommer über neue Blüten und machen auch in Vasen was her.

Gartenmöbel für wenig Geld

Gartenmöbel können sehr teuer sein. Insbesondere langlebige Modelle, die das ganze Jahr draußen stehen. Spitzenmöbel aus nachhaltig produziertem Hartholz kosten ein kleines Vermögen, sind allerdings die Ausgabe wert. Sie halten jahrelang und müssen nicht ein- und ausgelagert werden. Preiswertere Möbel aus Weichholz müssen bei schlechtem Wetter abgedeckt werden und könnten sich als Fehlinvestition herausstellen: Sie müssen regelmäßig gestrichen und vielleicht sogar nach ein paar Jahren durch neue ersetzt werden. Möbel aus Kunststoff oder Tische und Stühle aus der Wohnung, die nur bei Bedarf ins Freie gestellt werden, schonen das Budget. Es gibt aber auch erstaunlich attraktive, langlebige Gartenmöbel, die meist nur etwas Farbe brauchen. Hier ein paar Tipps …

Gartentisch aus Paletten

Holzpaletten sind stabil gebaut, denn auf ihnen wird alles Mögliche gehoben und transportiert, von Lebensmitteln bis zu Ziegelsteinen. Viele Betriebe lagern leere Paletten und sind froh, ein paar davon kostenlos abzugeben. Mit Schmirgelpapier und einigen Farbschichten verwandeln Sie diese Bretter in überraschend clevere Gartenmöbel. Dieser flache Kaffeetisch passt bestens auf Terrasse, Holzdeck, Dachgarten oder Balkon. Und sorgt für einen stylischen Hingucker.

Sie brauchen
Zimmermannshammer
2 gleich große Holzpaletten
Schmirgelpapier
Holzfarbe für draußen
Pinsel
Holzleim für draußen
4 Ziegelsteine als Gewicht

Wann?
Das ganze Jahr über bei trockenem Wetter

So wird's gemacht!
Hebeln Sie die Holzklötze (sie halten die Paletten zusammen) mit dem Zimmermannshammer von einer Palette ab. Legen Sie die Klötze beiseite. Schmirgeln Sie die zweite Palette glatt und streichen Sie Palette und Klötze mit Holzfarbe für draußen an.

Wenn die Farbe trocken ist, leimen Sie an jede Ecke einen der Klötze an; sie bilden die Tischbeine. Beschweren Sie die Blöcke mit Ziegelsteinen. Wenn der Leim trocken ist, leimen Sie noch mal vier Klötze an. Drehen Sie den trockenen Tisch um.

Gartenhocker aus Autoreifen

Diese strapazierfähigen Hocker mit dem Flair modernen Industriedesigns sehen witzig aus; außerdem sind sie gute Vorratsbehälter. Alte Autoreifen bekommen Sie auf dem Autofriedhof oder bei Werkstätten. Nehmen Sie die dicksten, die Sie finden, denn darauf sitzt man bequemer. Sie können die Reifen unbehandelt lassen – pures Industriedesign – oder für ein ordentlicheres Aussehen mit Farbe einsprühen. Grundieren Sie die Reifen mit einer Sprühfarbe (ideal ist Farbe für Straßenmarkierungen); darüber kommt eine spezielle Gummifarbe, um den Gummi zu versiegeln.

Sie brauchen

Autoreifen nach Bedarf
Unterlegplane oder eine andere Schutzfolie
Farbe für Straßenmarkierungen und Gummifarbe
1 runder Holzsitz mit dem inneren Durchmesser des Reifens (wenn Sie keinen passenden finden, schneiden Sie einen eckigen Sitz mit der Stichsäge in Form)
Holzfarbe für draußen (optional)

Wann?

Das ganze Jahr über bei trockenem Wetter

So wird's gemacht!

Wenn der Reifen farbig werden soll, legen Sie ihn auf eine Unterlegplane und sprühen ihn mit der Grundierung ein. Da die Unterseite unsichtbar bleibt, wird sie nicht eingesprüht. Wenn die Grundierung trocken ist, folgen mehrere Schichten Gummifarbe. Dann streichen Sie den Holzsitz an. Wenn alles gut trocken ist, wird der Sitz auf den Reifen gelegt. Fertig!

Töpfe
& Kübel
fast umsonst

Gestalten Sie Ihren mobilen Garten ruhig ganz persönlich – das muss nicht teuer sein. Es gibt kaum Regeln, Kreativität ist alles. Pflanzen Sie einen Dschungel im Hof, einen Bauerngarten auf dem Balkon oder einen Wüstengarten auf der Dachterrasse. Verwirklichen Sie Ihre Ideen, nutzen Sie Up- und Recycling, gestalten Sie aus und mit dem Nichts oder kaufen Sie Pflanzen und Kübel für „Peanuts".

Upcycling – günstig und up to date

Blechbüchsen, Schalen und andere alte Gefäße zu Pflanzgefäßen zu veredeln, verleiht Ihrem Garten Charakter und Individualität. Natürlich bekommt man in Gartencentern und höherwertigen Baumärkten auch neue Emaillegefäße im Vintage-Stil (Shabby Chic), aber sie haben natürlich ihren Preis. Flohmärkte sind eine preiswertere und gute Quelle für Pflanzgefäße; selbst auf Antik-

märkten findet man manchmal überraschend gute Angebote im Vergleich zu Läden. Tatsächlich stocken auch viele Ladenbesitzer das Angebot ihrer Läden auf Antikmärkten auf. Stöbern Sie selbst – das macht großen Spaß – und umgehen Sie den Zwischenhandel.

Sollte Vintage nicht Ihr Stil sein, bieten sich auf Trödelmärkten auch andere interessante Optionen – Kunststoffgefäße stehen ganz oben auf der Liste. Alles, was aussieht wie ein Topf, könnte auch einer sein, solange er nur Dränagelöcher im Boden hat. Wenn Ihnen grelle Kunststofffarben zusagen, verwandeln Sie doch große, billige Gefäße in ungewöhnliche Pflanzkübel: Kunststoffbadewannen mit Henkeln, Tonnen, Planschbecken und Wäschekörbe. Falls Sie natürliches Aussehen schätzen, verstecken Sie den Kunststoff in Kaffee- oder Kartoffelsäcken.

Manche Container müssen Sie nicht einmal extra besorgen. Häufig warten in Vorratsschränken und Schuppen potentielle Schätze, die mit einer neuen Funktion im Garten aufblühen.
Wenn Sie in einer Stadt wohnen, fragen Sie in Restaurants nach großen Tomaten- oder Gewürzdosen. Auch die großen Kanister für Olivenöl in Feinkostgeschäften sind farbenfroh und widerstandsfähig. Besonders schön sehen Kanister im Vintage-Design aus, aber auch moderne Gefäße haben den Industrie-Look, wenn Sie das Etikett ablösen und sie anrosten lassen. Gemüsegeschäfte bekommen ständig neue Holzkisten und Kunststoffgitterkörbe – ideale Gemüse- und Salatbeete. Fragen kostet nichts!

Die besten und dankbarsten Gefäße lassen sich aus echtem Abfall zaubern, von Saftkartons über angestoßene Siebe bis hin zu geflochtenen, beschädigten Papierkörben. Alles findet im Garten eine neue Funktion.

Von Metalldosen bis zu Küchensieben, Pflanzen wachsen in jedem Gefäß – lassen Sie Ihrer Fantasie freien Lauf.

Glücklich im Topf: Zehn Tipps wie Topfpflanzen gesund bleiben

1. Je größer der Topf, desto seltener muss er gegossen werden.

2. Prüfen Sie, ob genügend Dränagelöcher im Boden sind: sie dürfen nicht von Wurzeln oder Steinen verstopft sein.

3. Mischen Sie dem Substrat feinen Kies bei, damit das Wasser leichter abfließt und die Wurzeln nicht staunass stehen.

4. Mulchen Sie die Oberfläche des Substrats mit Schotter oder Kies, so verdunstet weniger Wasser. Die Wurzeln bleiben im Sommer kühl und verfaulen nicht im Winter.

5. Gießen Sie stets durchdringend – nur ein paar Spritzer mit dem Schlauch fördern flache Wurzeln, die sehr leicht austrocknen.

6. Fügen Sie dem Substrat in Hängekörben oder sehr flachen Gefäßen eine Handvoll wasserspeichernde Körnchen bei oder legen Sie das Gefäß mit einem alten Wollpullover aus.

7. Achten Sie auf Unkräuter: Tauschen Sie jährlich die obersten Zentimeter des Substrats mit frischem Substrat aus, sonst setzen sich lästige Unkräuter wie Sauerklee fest.

8. Prüfen Sie, ob auf dem Substrat neu gekaufter Pflanzen Unkräuter oder Flechten wachsen. Entfernen Sie die oberste Erdschicht, damit Sie weder Unkraut noch Schimmel in den Garten übertragen.

9. Sparen Sie auf keinen Fall am Topfsubstrat. Erde ist alles, was Ihre Pflanzen zum Leben brauchen – je besser die Erde, desto glücklicher die Pflanzen. Natürlich ist es verlockend, ein paar Euro mit billiger Erde zu sparen, aber sie dürfte zu wenige Nährstoffe enthalten. Entscheiden Sie sich für Mehrzweck-Blumenerde einer guten Qualität. Nehmen Sie torffreie Erde für kurzfristige Pflanzen: Bäume, Stauden und andere Pflanzen, die länger im Kübel wachsen, brauchen Komposterde für Topfpflanzen.

10. Vergessen Sie nicht, Ihre Pflanzen maßvoll zu düngen. Nach etwa sechs Wochen haben Topfpflanzen den Nährstoffvorrat im Topf verbraucht und brauchen regelmäßigen Düngernachschub (siehe *Unkraut zu Dünger*, S. 145).

Topfpflanzen gießen

Topfpflanzen sind ein hübscher Anblick, müssen aber regelmäßig gegossen werden. Für die Töpfe auf einer durchschnittlichen Terrasse dauert das im Sommer etwa 40 Minuten, und diese Zeit hat nicht jeder. Wer zu wenig gießt, riskiert den Tod seiner Pflanzen. Und vertrocknete Pflanzen zu ersetzen kostet natürlich auch Geld.

Es kommt immer wieder vor, dass beim Gießen, mit Gießkanne oder Schlauch, das Wasser über den Topfrand fließt, bevor es völlig versickert ist. Also abwarten, nachgießen und wieder warten … Lassen Sie einfach zwischen Substratoberfläche und Topfrand ein paar Zentimeter Platz, schon ist das Gießen kein Problem mehr.

Der Handel bietet verschiedene Bewässerungssysteme an, doch viele sind zu kompliziert und all die kleinen Düsen, Schläuche und digitalen Timer treiben den Preis unnötig hoch. Die folgenden preiswerten Bewässerungssysteme befreien Sie vom Diktat der Gießkanne.

Gießen aus der Wasserflasche

Große Kübel mit Bäumen, Sträuchern oder Stauden brauchen bei trocken-heißem Wetter sehr viel Wasser. Selbst große Kübel trocknen binnen einer Woche aus, wenn sie nicht gründlich gegossen werden. Regen hilft nicht viel, denn die Blätter ausgewachsener Pflanzen leiten das Regenwasser am Substrat vorbei.

Zum Glück lösen 1-Liter-Kunststoffflaschen dieses Problem: Schrauben Sie den Verschluss ab (entsorgen) und schneiden Sie den Flaschenboden sauber ab. Stecken Sie die Flasche mit dem schmalen Ende ins Substrat; sie steckt tief genug, wenn sie nicht umfällt. Wird die Flasche mit Wasser gefüllt, gibt sie es nach und nach direkt an die Wurzeln ab – weniger Verdunstung, kein überfließendes Wasser und sehr viel gesparte Zeit.

Ein unsichtbares Bewässerungssystem

Dieses Bewässerungssystem ist für große Töpfe und Kübel gedacht. Es hält das Substrat feucht und eignet sich daher vor allem für Obstgehölze, Gemüse und andere Pflanzen, die viel Wasser brauchen. Das System ist ideal für Feigen, Himbeeren, Tomaten und andere Arten, die von regelmäßiger Wasserversorgung profitieren. Da das Wasser von unten eingespeist wird, geht auch an heißen Tagen wenig durch Verdunstung verloren.

Das einfache System versorgt die Pflanzen auch dann mit Wasser, wenn Sie für einen Kurzurlaub oder am Wochenende nicht zu Hause sind. Das Reservoir wird etwa einmal pro Woche aufgefüllt, bis das Wasser oben aus dem Schlauch fließt. Falls nötig, fügen Sie dem Gießwasser Flüssigdünger bei.

Sie brauchen

1 flache, robuste, verschließbare Kunststoffbox mit Deckel, die in den Boden des Kübels passt (Brotdose oder Eisbehälter). Sie muss stabil genug sein, um das Gewicht des Substrats zu tragen.

1 großer Topf für die Pflanze

1 kleiner Kunststofftopf (etwa 9 cm Durchmesser)

1 scharfes Teppich- oder Universalmesser

1 alte Strumpfhose

Schere

1 Gummiband

Mehrzweck-Blumenerde oder frische Komposterde

1 etwa 30 cm langes, festes oder flexibles Kunststoffrohr, Gartenschlauch oder Wasserrohr (ein Rohr mit großem Durchmesser lässt sich besser füllen)

So wird's gemacht!

Die Kunststoffbox muss glatt in den Boden des großen Topfes passen; sie dient als Wasserreservoir. Schneiden Sie mit dem Messer etwa sechs bis acht kleine Löcher in die Wand des kleinen Topfes; er dient als „Docht". Stellen Sie den Topf auf den Deckel der Box und zeichnen Sie den Umriss ein; mit dem Messer sauber ausschneiden. Stecken Sie den kleinen Topf in das Loch. Er sollte gut hineinpassen und fest sitzen; falls nötig, erweitern Sie das Loch.

Schneiden Sie mit der Schere einen Fuß der Strumpfhose ab und legen Sie den kleinen Kunststofftopf innen damit aus; mit einem Gummiband fixieren. Der Strumpf verhindert, dass Substrat in das Reservoir gelangt und sich dort ablagert. Füllen Sie nun den kleinen Topf mit Substrat; sehr fest andrücken, um alle Hohlräume zu schließen. Drücken Sie nun den kleinen Topf durch das Deckelloch tief in die Box, bis knapp über den Boden des Reservoirs.

Zeichnen Sie den Umriss des Schlauchstücks auf den Deckel des Reservoirs. Schneiden Sie das Loch so aus, dass der Schlauch gerade hindurchpasst. Jetzt wird der Deckel aufgesetzt und das Reservoir in den großen Topf gestellt. Füllen Sie das Reservoir durch den Schlauch mit Wasser. Nach einigen Minuten sollte sich das Substrat im Docht feucht anfühlen. Jetzt wird der Topf wie üblich mit Substrat gefüllt. Der Füllschlauch muss natürlich oben aus der Erde herausschauen. Falls nötig, kürzen Sie ihn auf die richtige Länge. Später lässt sich das Schlauchende problemlos durch Pflanzen kaschieren.

Wenn das Wasser oben aus dem Schlauch fließt, ist das Reservoir voll; einmal pro Woche auffüllen.

1. Schneiden Sie Löcher in die Topfwand.

2. Stellen Sie den Topf auf den Deckel der Box und zeichnen Sie den Umriss ein.

3. Schneiden Sie den Kreis aus; Topf hineinstellen und mit einem Strumpf auskleiden; mit einem Gummiband sichern.

4. Füllen Sie den kleinen Topf („Docht") mit Substrat.

5. Schneiden Sie das Loch für den Schlauch aus und drücken Sie ihn in die Box.

6. Stellen Sie das Reservoir in den Boden des großen Topfes und füllen Sie das Substrat ein.

7. Füllen Sie das Reservoir durch den Schlauch mit Wasser.

8. Bepflanzen Sie den Topf wie üblich.

Ein Hauch von Klasse für billiges Terrakotta

Mit ihrer glänzenden Braun-Orange-Optik sehen Terrakottatöpfe aus Massenproduktion stets so aus, als kämen sie gerade aus der Fabrik. Ihr relativ geringer Preis macht sie allerdings zur ersten Wahl für sparsame Gärtner! Der beachtliche Preisunterschied basiert darauf, dass industriell hergestellte Töpfe gegossen werden, während die aus traditionellen Töpfer-Werkstätten in mühevoller Handarbeit entstehen. Außerdem verwenden Terrakotta-Fabriken farbintensivierte Tone.

Alle Terrakottatöpfe verwittern mit der Zeit, doch es gibt Tricks, das frische Orange der preiswerten Töpfe schneller altern zu lassen. Dann sehen die Töpfe aus, als stünden sie schon seit Jahrzehnten im Garten. Alles, was Sie dazu brauchen, dürften Sie in Ihren Vorräten finden.

Ein mit Backpulver getränkter Pinsel lässt die neuen, orangefarbenen Töpfe aussehen, als stünden sie seit Jahrzehnten auf einer sonnigen Terrasse.

Terrakottatöpfe – künstlich gealtert

Manche Gärtner streichen ihre Töpfe mit Joghurt ein, damit sich Schimmel ansiedelt. Er verleiht dem Ton eine grünliche Farbe, fördert aber den Wuchs watteartiger Schimmelpilze. Nicht die beste Lösung! Den Ton aufzuhellen ist die deutlich ästhetischere Methode. Er sieht damit eher „handgemacht" aus und hat die weißliche Patina eines alten Topfes, aus dem Mineralsalze ausblühen. Mit Backpulver und Sprühlack kreieren Sie einen Topf, der an alte Stücke erinnert, die seit Jahrzehnten ihren Dienst tun.

Sie brauchen
Backpulver
Schale zum Mischen
Pinsel
1 billiger Blumentopf aus Terrakotta
1 harte Bürste, z. B. eine Spülbürste
1 Sprühdose Haarspray, Fixativ oder matter Klarlack für draußen

So wird's gemacht!
Rühren Sie das Backpulver in Wasser, im Verhältnis von etwa 2:1, zu einer Paste an. Streichen Sie damit den Topf dick an, auch den inneren Rand. Wenn der Anstrich vollkommen trocken ist, reiben Sie die Reste mit der Spülbürste bis auf eine weißliche Patina-Schicht ab. Anschließend wird der Topf innen und außen mit Haarspray, Fixativ oder mattem Klarlack behandelt, damit der Regen das Pulver nicht abwäscht.

Rechts
1. Rühren Sie Backpulver und Wasser zu einer Paste.
2. Streichen Sie damit den Topf ein.
3. Streichen Sie sowohl die Außenseite als auch den inneren Rand ein.
4. Lassen Sie die Paste trocknen und bürsten Sie überschüssiges Backpulver ab.
5. Mit Haarspray, Fixativ oder mattem Klarlack einsprühen.

Blickfang Töpfe: Drei Stiltipps für den mobilen Garten

1. Weniger ist mehr. Ein einheitlicher Stil verbessert den Gesamteindruck des mobilen Gartens. Ein Mischmasch aus Metall, Kunststoff, Terrakotta und Holz sieht keineswegs fantasievoll, sondern eher nach einem Restmülllager aus. Es spricht nichts gegen grellbunte Kunststofftöpfe, aber dann sollten Sie Farben wählen, die harmonisch zueinander passen. Beziehen Sie bei der Materialwahl die Umgebung mit ein. Während modernes, glänzendes Metall oder leuchtende Farben gut in ein Appartementhaus in der Stadt passen, gehören Holz und Metall mit Gebrauchsspuren in einen ländlichen Garten mit lockeren Kieswegen.

2. Nutzen Sie den Platz bestmöglich aus, indem Sie Töpfe unterschiedlich hoch aufstellen. Statt teure neue Gestelle zu kaufen, entscheiden Sie sich besser für eine alte Stehleiter mit Charakter vom Flohmarkt.

3. Gehen Sie kreativ mit Blumenkästen und Hängekörben um. Geflochtene Körbe wirken nostalgisch, während ein Küchensieb aus Metall oder künstliche Materialien moderne, individuelle Akzente setzen. Hängen Sie auf Balkonen oder anderen kleinen Räumen bepflanzte Flaschen oder Blechdosen an Geländer oder vertikale Flächen. Blumenkästen vor dem Fenster müssen weder langweilig noch aus Kunststoff sein: Schmale, passende Gefäße, aber auch Ungewöhnliches, wie alte Brotkästen, Schalen oder Holztröge sehen gut aus.

Oben links Eine alte Stehleiter als perfekte Bühne für Töpfe mit Kräutern, Paprika und Blumen.
Oben rechts Beziehen Sie vertikale Flächen ein – hängen Sie Gefäße an Geländer, Zäune und Mauern.

Der Styropor-Stil

Behälter aus Styropor eignen sich bestens für viele Standorte. Das Material ist leicht, isoliert gut und hält das Substrat warm – Pflanzen mögen das. Tiefe Gefäße eignen sich für Feuchte liebende Pflanzen, während lange, schmale Formen besser auf ein Fensterbrett passen. Styropor kann mehrere Jahre lang bei jedem Wetter im Freien stehen und ist haltbar, solange das Material nicht beschädigt wird. Gemüse- und Fischhändler benutzen Styroporboxen zum Transport ihrer Produkte; wenn Sie höflich nachfragen, geben diese sicher ein paar an Sie ab. Auch bei Online-Bestellungen werden oft Boxen aus Styropor verwendet.

Nun ist auffallend weißes Styropor sicher nicht besonders stylisch, vor allem, wenn sich mit der Zeit grüne Algen darauf ansiedeln. Zum Glück gibt es Styroporfarben, um das Weiß zu überdecken: Kästen in leuchtenden Farben sehen modern und lebendig aus. Mattes Oliv und andere gedeckte Töne passen besser zu natürlichen Materialien.

Sie brauchen

1 Styropor-Box
Latex- oder Acryl-Grundierfarbe
1 Pinsel
Beton- oder Heizungsfarbe (keine Sprühfarben;
   sie lösen den Kunststoff auf)
1 scharfes Teppich- oder Universalmesser
Torffreie Mehrzweck-Blumenerde (normale Blumenerde
   könnte zu schwer sein)
Pflanzen Ihrer Wahl

Wann?

Jederzeit

So wird's gemacht!

Streichen Sie Außenseiten und den inneren Rand mit Grundierfarbe an. Denken Sie daran, dass ein Teil der Innenseite auch später sichtbar sein wird. Beschriftungen verschwinden oft erst nach zwei Anstrichen. Wenn die Farbe trocken ist, streichen Sie Beton- oder Heizungsfarbe darüber. Schneiden Sie mit dem Messer Dränagelöcher in den Boden; Substrat einfüllen und wie üblich bepflanzen.

Rechts Styropor ist leicht, isoliert das Substrat und sorgt für warme Bedingungen, die Pflanzen lieben. Tiefe Gefäße eignen sich für Feuchte liebende Pflanzen, während lange, schmale Formen besser auf ein Fensterbrett passen.

Lavendel im Eimer

Der allseits beliebte Lavendel ist eine perfekte Kübelpflanze. Er gedeiht selbst unter beengten Bedingungen mehrere Jahre lang prächtig. Dann verholzt er stark und muss ersetzt werden. Schneiden Sie Stecklinge Ihres Lavendels für die nächste Generation, wenn er etwa vier Jahre alt ist (siehe *Triebstecklinge*, S. 116).

Ein sonniger Standort und wasserdurchlässiges Substrat garantieren üppigen Wuchs – Lavendel hasst Schatten und nasse Füße. Der Topf braucht also großzügige Dränagelöcher und ein Substrat mit einem Drittelanteil Hygromull®.

Alte Metalleimer aus Ramschläden oder Trödelmärkten sind ein echter Deal. Eimer mit Gebrauchsspuren kosten fast nichts und mit dem Henkel können Sie die Pflanzen bequem hin- und hertragen. Bei Eimern mit Beschädigungen oder Löchern im Boden, sparen Sie sich sogar die Mühe, Dränagelöcher zu bohren. Ein alter Eimer hat genau die richtige Größe für Lavendel. Kaufen Sie eine kompakte Sorte, die sich nicht so stark ausbreitet. Besonders attraktiv sieht Schopflavendel *(Lavandula stoechas)* aus, dessen Schmetterlingsblüten von oben nach unten aufblühen; und auch mit Echtem Lavendel *(L. angustifolia)* der intensiv rötlich-blauen Sorten 'Hidcote' können Sie nichts falsch machen.

Sie brauchen
Hammer und großer Nagel (optional)
1 alter Eimer
Hygromull®
Komposterde
1 Behälter zum Mischen
1 Lavendelpflanze

Wann?
Frühling bis Herbst

So wird's gemacht!
Schlagen Sie mit Hammer und Nagel mindestens fünf Löcher in den Eimerboden. Bewegen Sie den Nagel hin und her, um die Löcher zu vergrößern, damit sich auf keinen Fall Staunässe bildet. Streuen Sie einige Handvoll Hygromull® auf den Eimerboden. Mischen Sie in dem separaten Behälter mit den Händen einen Teil Hygromull® auf drei Teile Substrat und füllen Sie den Eimer zu etwa zwei Dritteln. Stellen Sie den Lavendel hinein, füllen rundum mit Substrat auf und schließen mit einer Lage Hygromull® ab. Stellen Sie den Eimer an die sonnigste Stelle Ihres Gartens.

Maßnahmen gegen den Verfall

Ein recycelter Kübel, der monate- oder jahrelang mit feuchtem Substrat gefüllt war, zahlt einen hohen Preis: Holz verrottet, nicht galvanisiertes oder verzinktes Metall rostet und zerfällt. Letztlich ist das unvermeidbar, denn schließlich waren sie nicht für Stiefmütterchen gedacht. In Maßen wirkt Verwitterung nostalgisch, aber irgendwann fällt der Kübel auseinander. Wenn Sie ihn mit Kunststoff auskleiden – alte Kompost- oder Müllsäcke sind ideal – bleiben die Innenseiten relativ trocken. Achten Sie darauf, die Dränagelöcher in Auskleidung und Gefäß möglichst übereinander zu machen, dann bleibt auch die Basis des Gefäßes trocken. Stellen Sie Kübel auf Ziegelsteine oder Steine, damit sie nicht auf dem feuchten Boden stehen und langsam vor sich hin verrotten.

Mülleimer aus Metall eignen sich bestens als Kübel für Bäume. Sie sind groß genug, um genügend Substrat zu fassen und gerade noch leicht genug, um versetzt zu werden. Drei in einer Reihe stehende Kübel sind ein markantes Statement! Mülleimer bekommen Sie in Baumärkten oder beim Trödler. Sichern Sie die Eimer am Standort, damit sie nicht umkippen, und sorgen Sie mit ein paar Ziegelsteinen unter dem Substrat für ausreichend Bodenhaftung.

Pelargonien in der Blechdosenwand

Pelargonien verbreiten mit ihrer schier endlosen Blütenpracht und ihren duftenden Blättern eine fröhliche Stimmung, ob im typischen Rot, Hellrosa oder tiefem Magenta. Diese Topfpflanzen ermöglichen in städtischen Innenhofgärten, auf Dachgärten oder Balkonen kleine Fluchten aus dem Alltag. Da Pelargonien nicht winterhart sind, werden sie gewöhnlich jedes Frühjahr neu gekauft oder dürfen erst nach frostfreiem Überwintern wieder nach draußen.

Dieser Vorschlag nimmt auf ungewöhnliche Weise die traditionellen Terrakottatöpfe auf, die am Mittelmeer die Mauern in Dörfern schmücken. Die leuchtenden Pelargonien sehen in metallisch glänzenden Dosen nicht nur erstaunlich aus, die Dosen gibt es auch völlig umsonst. Das nackte Metall gibt dem Arrangement ein minimalistisches, industrielles Aussehen. Je größer die Dose, desto seltener müssen die Blumen gegossen werden. Fragen Sie in Pizzerien oder Feinkostläden nach großen Kanistern. Ansonsten bepflanzen Sie einfache Dosen aus dem Supermarkt mit Arten, die etwas Trockenheit vertragen – Pelargonien, Hauswurz, Fette Henne oder Kakteen.

Sie brauchen

Küchenrolle

Terpentinersatz

10 saubere, leere, möglichst gleich große Konservendosen;
Etiketten ablösen

Bohrmaschine mit 5 mm Metallbohrer (wenn sie an einer
Mauer befestigt werden)

10 Dübel und 10 galvanisierte Schrauben (wenn sie an einer
Mauer befestigt werden)

Schraubendreher (wenn sie an einer Mauer befestigt
werden)

10 Nägel (wenn sie an einem Holzzaun befestigt werden)

Hammer und Nagel, um Löcher in die Dosen zu machen

Stein- oder Metallfarbe (optional)

Pinsel (optional)

Komposterde; zwei Teile vermischt mit einem Teil Hygro-
mull®

10 Pelargonien

Wann?

Frühling bis Sommer

So wird's gemacht!

Entfernen Sie alle Reste von Etikettenklebstoff mit Küchenpapier und Terpentinersatz und spülen Sie die Dosen gründlich unter fließendem Wasser aus. Wählen Sie einen guten Standort für die Blechdosenwand – vielleicht als Blickpunkt hinter einem Tisch oder an einem Zaun am Durchgang neben dem Haus. Zeichnen Sie mit dem Bleistift die Position der Dosen ein. Ein gutes Design ist wichtig, beispielsweise diagonal wie die Fünf auf einem Würfel. Bohren Sie Löcher in die Mauer, setzen Sie die Dübel ein und drehen Sie die Schrauben ein; sie sollten etwa 1 cm herausstehen. Auf Holzzäunen genügt ein fester Nagel je Dose.

Stellen Sie die Dosen auf den Kopf und schlagen Sie mit Hammer und Nagel Dränagelöcher in den Boden; drei sollten genügen. Ein weiteres Loch wird kurz unterhalb des oberen Randes geschla-

gen. Daran werden die Dosen aufgehängt, es muss also über die Schrauben/Nägel passen (ggf. mit dem Nagel etwas weiten). Wenn Sie mögen, werden die Dosen nun angestrichen. Füllen Sie das Substrat ein; Pelargonien einpflanzen und gründlich wässern.

Die Dosen werden an den Schrauben oder Nägeln aufgehängt, müssen aber sicher halten.

Obwohl Pelargonien Trockenheit gut vertragen, brauchen die Dosen bei heißem Wetter alle paar Tage frisches Wasser, denn das Substrat trocknet rasch aus. Damit sich neue Blüten bilden, wird alles Verblühte regelmäßig abgeschnitten.

Schmuckkörbchen in der Kiste

Schmuckkörbchen *(Cosmos)* haben schlichte, farbenfrohe und unschlagbar fröhliche Blütenköpfchen. Wird Verblühtes regelmäßig entfernt, bilden sie bis zu den ersten Frösten verschwenderisch neue Blüten. Schmuckkörbchen als fertige Pflanzen werden fast überall angeboten, lassen sich aber auch problemlos aussäen. Ausgesäte Pflanzen sind nicht nur billiger, sondern zeigen sich auch in einem eleganteren, natürlicheren Look als die etwas überzüchteten Exemplare aus den Gärtnereien. Suchen Sie nach Samenmischungen mit unterschiedlichen Blütenfarben, dann verleihen Schmuckkörbchen in einer hübschen Mischung aus rosa und purpurnen Blüten jedem Garten das Flair einer Wiese – auch einem Balkon.

Hölzerne Obstkisten fügen sich bestens in Gärten ein und ihre Beschriftung erhöht sogar den Charme. Das fröhliche Chaos der Schmuckkörbchen steht in hübschem Kontrast zu den geraden Linien der Kiste. Denken Sie daran, dass Holz nur eine kurze Zeit hält – maximal ein bis zwei Jahre, dann ist der Boden durchgefault (siehe *Maßnahmen gegen den Verfall*, S. 33). Alte Obstkisten sind besonders stabil und halten lange, daher freuen Sie sich über jede gute Quelle. Allerdings wissen viele Betriebe um den Charme ihrer Kisten und sind kaum bereit, sie einfach so zu verschleudern. Auch Weinkisten eignen sich gut. Suchen Sie einen Händler, der bereit ist, die Kisten günstig abzugeben.

Sie brauchen

1 Holzkiste
Ein paar Ziegelsteine oder Klötze als Unterlage
1 Stück Teichfolie, Müllbeutel oder alter Kompostsack
Schere
Torffreie Mehrzweck-Blumenerde
1 Tütchen Schmuckkörbchen-Samen; lohnend ist die hohe
   Sorte *Cosmos* 'Sensation Mixed' in verschiedenen Farben

Wann?

Frühlingsmitte bis Frühsommer

So wird's gemacht!

Da die fertige Kiste sehr schwer ist, wird sie an Ort und Stelle befüllt. Stellen Sie die Kiste auf Ziegelsteine; auf der feuchten Erde würde das Holz zu schnell verfaulen. Kleiden Sie Wände und Boden der Kiste mit Kunststofffolie aus. Bei einem Kompostsack muss die schwarze Seite nach außen zeigen, sonst ist die Beschriftung durch die Lücken sichtbar. Es ist nicht schlimm, wenn die Kunststofffolie oben herausschaut. Schneiden Sie mit der Schere mehrere Dränagelöcher in die Folie am Boden, möglichst über den Lücken zwischen den Holzbrettern, damit überschüssiges Wasser rasch abfließen kann.

Füllen Sie die Kiste bis fast oben hin mit Substrat; mehrmals vorsichtig aufstoßen, damit sich das Substrat setzt. Die Erde sollte bis etwa eine Handbreit unter den Rand reichen. Jetzt wird die überstehende Folie entlang der Kante mit der Schere abgeschnitten. Streuen Sie die Samen mit etwa 5 cm Abstand auf der Oberfläche aus. Verteilen Sie mit den Fingern etwas Substrat darüber; gründlich gießen.

Wenn die Keimpflänzchen etwa 10 cm hoch sind, werden sie auf 10 cm Abstand ausgedünnt. Knipsen Sie die Spitze bis auf wenige kräftige Seitenknospen ab, dann wächst die Pflanze buschiger. Stecken Sie am Anfang einige Zweige in die Erde, um die wachsenden Schmuckkörbchen zu stützen. Weiterhin gießen und nicht vergessen, die abgeblühten Stängel regelmäßig bis auf eine Blütenknospe oder einen Seitentrieb zurückzuschneiden. Ohne die alten Blütenköpfchen stehen die Pflanzen stabil und kippen nicht um.

Rechts Säen Sie direkt in die Kiste, dann stehen die Blüten dicht an dicht; verblühte Köpfchen entfernen, um bis zu den ersten Frösten die Bildung neuer Blüten anzuregen.

Blumenwiese in der Zinkwanne

Große Gefäße, wie Viehtröge, Badewannen oder Aquarien mit Einzelpflanzen zu füllen, kann ziemlich teuer werden. Eine Tüte mit Samen kostet dagegen fast nichts. Die Samenhersteller bieten inzwischen komplette Wiesenmischungen für kleine Flächen an. Meistens handelt es sich um eine Mischung aus Mohn, Margeriten, Kornblumen und anderen häufigen einjährigen Wiesenblumen, die im Zusammenklang die beste Wirkung erzielen. Sie werden im Frühling gesät und bilden eine bunte Mischung üppiger Blüten, die Insekten magnetisch anziehen und selbst in einem absolut künstlichen Garten das Flair von großartig wilder Natur erzeugen – vom Sommer bis in den Herbst. Wenn Sie mehrere große Gefäße haben, teilen Sie die Samen einfach auf.

Das Schönste an einer Wiese im Kleinen ist die Möglichkeit, spezielle Böden für ganz besondere Pflanzengesellschaften herzustellen. Mit einer Handvoll Kalk im Substrat wird der Topf zum basischen Kalkmagerrasen, auf dem Wildblumen von außerordentlicher Artenvielfalt gedeihen. Natürlich können Sie auch Blumen für Schatten, saure Böden, sonnige oder sogar Küstenbedingungen säen, solange das Substrat stimmt.

Sie brauchen

1 großes Gefäß wie Viehtrog, alte Badewanne oder Topf; jeweils mit Dränagelöchern

Bohrer oder Hammer und Nagel (optional)

Torffreie Mehrzweck-Blumenerde

Gartenerde (falls Sie keinen Garten haben, nehmen Sie Aussaaterde; sie enthält nur wenige Nährstoffe – die meisten Wildblumen wachsen besser auf nährstoffarmen Böden)

Hygromull®

1 Packet gemischte Wiesenblumen; im Internet finden Sie sicher eine Mischung, die Ihnen gefällt

Gießkanne mit feiner Brause

Wann?

Frühling

So wird's gemacht!

Da der fertige Kübel zu schwer sein dürfte, um ihn noch zu bewegen, wird er an Ort und Stelle befüllt. Achten Sie auf Dränagelöcher; falls erforderlich bohren oder schlagen Sie mit Hammer und Nagel Löcher in den Boden. Mischen Sie das Substrat, Gartenerde und Hygromull® etwa im Verhältnis von 1:2:1. Falls Sie keine Gartenerde haben, mischen Sie Aussaaterde und Hygromull® im Verhältnis 3:1.

Streuen Sie die Samen auf der Oberfläche aus und gießen Sie gründlich mit der Gießkanne. Die ersten Pflänzchen gehen nach ein paar Wochen auf, im Hochsommer stehen sie dann schon in voller Blüte. Sammeln Sie im Spätherbst Samen der Einjährigen, bevor Sie die Pflanzen entfernen (siehe S. 110) oder lassen Sie die attraktiven Samenstände den Winter überstehen. Mehrjährige Wildblumen bleiben im ersten Winter im Kübel. Erst im darauffolgenden Herbst – und dann in jedem weiteren Herbst – werden sie etwa 10 cm über dem Boden abgeschnitten.

> **Sammeln Sie die Samen der einjährigen Blumen im Spätherbst nach der Blüte (siehe S. 110); sie werden im nächsten Jahr ausgesät. Wildblumenstauden blühen mehrere Jahre lang.**

Ein Wandteppich aus Sukkulenten

Hauswurzarten *(Sempervivum)* sind hübsche, langsam wachsende, sukkulente Pflanzen, die im Topf wunderschön aussehen. Besonders gut machen sie sich mitten auf einem Tisch im Garten, wo ihre urzeitlich anmutenden Rosetten bestens zur Geltung kommen. Es gibt unzählige Arten und Sorten – purpurn, grün, rund, spitz – die sich über Ableger selbst vermehren. Die Ableger werden abgerissen und eingepflanzt (siehe S. 113; *Ableger abnehmen*) – einfacher geht's nicht! Außerdem ertragen *Sempervivum*-Arten Trockenheit sehr gut. Nur zum Einwachsen brauchen sie mehr Wasser, danach lässt man sie am besten in Ruhe. Dank ihrer flachen Wurzeln und des minimalen Wasserbedarfs sind sie ideal für flache Gefäße. Wie etwa dieser Bilderrahmen.

Das „lebende Bild" sieht ganzjährig prächtig aus und bildet einen fantastischen Blickpunkt in einem kleinen städtischen Hofgarten oder auf dem Balkon. Besorgen Sie sich einen preiswerten Bilderrahmen in einem Trödelladen; das übrige Material bekommt man leicht im Baumarkt.

Sie brauchen

1 Bilderrahmen (je größer der Rahmen, desto schwerer wird das fertige „Bild")

1 Säge

Leisten für den Rahmen; die Länge richtet sich nach der Rahmengröße (siehe Bauanleitung S. 42).
Für einen großen Rahmen nehmen Sie 5 × 3 cm, für einen kleineren 3 × 1 cm (Breite × Höhe)

1 Bandmaß

1 Bohrer

1 m² Sonnenschutzfolie für Gewächshäuser (als Meterware im Baumarkt); alternativ: Unkrautfolie

Holzleim für draußen

Gewichte, beispielsweise Ziegelsteine

1 Beutel Moos (zum Auskleiden für Hängekörbe)

1 Beutel Komposterde für Topfpflanzen

1 Stück Sperrholz für draußen als Rückseite des Rahmens (am besten direkt im Baumarkt passgenau zuschneiden lassen)

Schere

Hauswurzarten in verschiedenen Farben, um den Rahmen „lebendig" zu füllen

Gießkanne mit feiner Brause

So wird's gemacht!

Legen Sie den Rahmen umgedreht auf eine flache Unterlage. Sägen Sie von den Leisten vier Stücke als Rand des Kastens ab. Es ist sinnvoll, die Leisten an den inneren Rahmenumriss anzupassen, sonst wird die bepflanzte Box zu schwer. Die Schmalseiten der Leisten liegen auf dem Rahmen, die breiteren, vertikal stehenden Seiten bilden die Wände des Kastens, der Erde und Pflanzen aufnimmt.

Ziehen Sie nun die Sonnenschutzfolie hinten über den Rahmen; gut straff ziehen. Die Folie darf am Rand ruhig etwas überstehen. Streichen Sie die aufliegende Folie auf der Rückseite des Rahmens mit Holzleim ein; auch die Schmalseiten der Leisten werden mit Leim bestrichen. Drücken Sie die Leisten auf die Folie, sodass sie einen Kasten bilden. Bis der Leim vollständig abgebunden hat, werden die Leisten mit Ziegelsteinen oder anderen Gewichten beschwert. Bohren Sie nun drei Löcher (2 mm Durchmesser) in die spätere Unterseite des Kastens. Sie dienen der Dränage, damit das Substrat nicht staunass wird.

Vermischen Sie Moos und Substrat zu etwa gleichen Anteilen und drücken Sie es fest in den Kasten. Achten Sie darauf, dass die Ecken und alle Lücken mit Substrat gefüllt sind, sonst rutscht es nach unten, wenn der Rahmen aufrecht gestellt wird.

1. Sägen Sie die Leisten für den Kasten in vier Stücke; er muss in den rückseitigen Rahmen passen.

2. Leimen Sie die Sonnenschutzfolie auf den Bilderrahmen.

3. Leimen Sie die vier Leisten auf die Folie, sodass ein Kasten entsteht.

4. Bohren Sie Dränagelöcher in die untere Leiste des Kastens.

5. Mischen Sie Moos und Substrat; in den Kasten füllen.

6. Setzen Sie das passend gesägte Sperrholz als Boden auf den Kasten.

7. Schneiden Sie mit der Schere Kreuze in die Folie.

8. Drücken Sie die Pflanzen durch die Kreuze.

Wenn der Kasten gefüllt ist, sägen Sie das Sperrholz passend zur Kastengröße zurecht; auf die Leisten leimen. Wenn Sie nicht selbst sägen wollen, lassen Sie das Brett im Baumarkt auf Maß sägen. Wenn der Rahmen wie ein Bild an der Wand hängen soll, bohren Sie ein Loch durch das Sperrholz. Beschweren Sie das Sperrholz mit Steinen, Blumentöpfen oder anderen Gewichten, bis der Leim komplett trocken ist.

Ist alles ausreichend fest, drehen Sie den Rahmen um. Schneiden Sie mit der Schere Kreuze in die Sonnenschutzfolie und setzen Sie die Pflanzen ein. Suchen Sie nach abwechslungsreichen Farben und Formen. Die Folie verhindert, dass Substrat und Pflanzen herausfallen.

Der Rahmen sollte möglichst vollständig ausgefüllt sein. Ärgern Sie sich nicht, wenn zunächst noch etwas Folie zu sehen ist: Die Pflanzen füllen rasch alle Lücken. Gießen Sie die Pflanzen und lassen Sie den Rahmen noch etwa eine Woche flach auf dem Boden liegen, bis alle Pflanzen gut eingewurzelt sind.

Danach wird der Rahmen auf einen Sims gestellt oder an die Wand gehängt, wo er gut zur Geltung kommt.

Legen Sie den Rahmen alle paar Wochen flach auf den Boden und gießen Sie die Pflanzen; eine halbe Stunde liegen lassen, dann wird der Rahmen wieder senkrecht gestellt.

Cooles Sieb für Farne

Hängekörbe sorgen überall dort für wertvolle Pflanzflächen, wo der Platz knapp ist – auf Balkonen oder in kleinen Stadtgärten. Allerdings sehen die traditionellen Körbe aus Weiden- oder Metallgeflecht aus dem Gartencenter ziemlich künstlich und spießig aus. Körbe aus recycelten Objekten setzen die Idee in moderner Formensprache um. Küchensiebe eignen sich besonders gut, denn sie lassen sich an den Griffen aufhängen (auch alte, am Henkel aufgehängte Blecheimer sehen gut aus). Alte Küchensiebe finden Sie im Trödelladen, auf Flohmärkten oder im Internet.

In einem Küchensieb wachsen viele Pflanzen – von Erdbeeren über Salat bis zu Veilchen und Farnen –, wenn einige der Sieblöcher verschlossen werden, damit nicht zu viel Wasser abfließt. Drei Siebe mit Farnen verleihen einer schattigen Ecke des Gartens eine coole, sanfte Atmosphäre. Selbstverständlich könnten die Siebe auch an einer Pergola über dem Esstisch hängen. Da Farne feuchten Boden schätzen, wird das Sieb mit einem alten Strickpullover ausgekleidet (ein Kompostsack mit Löchern geht auch); er hält das Substrat feucht.

Sie brauchen

1 alten oder nicht mehr benötigten Wollpullover
 (oder einen löchrigen Kompostsack)
3 Metallsiebe
Komposterde für Topfpflanzen
3 Farne, beispielsweise Frauenfarn (*Athyrium otophorum*
 'Okanum'), Hirschzungenfarn (*Asplenium scolopendrium*)
 und Tüpfelfarn (*Polypodium vulgare*)
Starke, wetterfeste Schnur (z. B. Gardinenschnur), um die
 Siebe aufzuhängen
Schere

So wird's gemacht!

Schneiden Sie den Wollstoff passend zurecht; in das Sieb legen und etwas Substrat einfüllen. Setzen Sie die Farne ein und füllen Sie rundum mit Substrat auf; gründlich gießen. Schneiden Sie die Schnur auf Länge und hängen Sie die Siebe im Schatten auf. Machen Sie die Schnüre unterschiedlich lang, sodass eine attraktive Gruppe entsteht. Die Farne müssen alle paar Tage gegossen und einmal im Monat gedüngt werden (siehe S. 145; *Unkraut zu Dünger*).

Billige Kunststofftöpfe – gut verhüllt

Leider gibt es keine Alternative: Für ein wirklich großes Pflanzgefäß ist Kunststoff die definitiv billigste Lösung. Tatsächlich spricht eine Menge für Kunststoff. Das Material ist leicht, hält lange und Blumenkübel haben vorgefertigte Dränagelöcher. Kunststoffkübel aus dem Gartencenter kosten kein Vermögen und Supermärkte geben manchmal sogar kostenlose Kunststoffeimer ab. Auch die bunten Eimer aus Baumärkten (Tubtrug®) geben gute Pflanzeimer ab, denn sie sind groß und haben praktische Handgriffe.

Andererseits sieht Kunststoff unnatürlich und künstlich aus und manche Farben erträgt man nur mit Sonnenbrille. Solche Behälter fallen auf, schmeicheln aber nicht unbedingt den Pflanzen. Zum Glück gibt es eine preiswerte Abhilfe. Wenn Sie den Kunststofftopf mit einem natürlichen Material umhüllen, wie Sackleinen oder Jute, tritt das grelle, künstliche Objekt in den Hintergrund. Stellen Sie den Topf in den Sack und ziehen Sie den Stoff über den Rand nach innen. Der Sack ist zwar spätestens nach einem Jahr schmutzig und recht eklig, aber eine äußerst preiswerte (sogar kostenlose) Übergangslösung für ein ästhetisches Problem.

Mit etwas Glück bekommen Sie die Säcke kostenlos beim Gemüsehändler. Säcke aus Sackleinen werden auch für wenig Geld im Gartenfachhandel verkauft. Wegen des attraktiven Aufdrucks sind Kaffeesäcke noch besser geeignet. Stöbern Sie mal bei eBay.

Vintage-Kräutergarten in Dosen

Keine Küche kommt ohne Kräuter aus; außerdem sehen viele Kräuterpflanzen sehr attraktiv aus. Mit ihren schönen Blüten, aromatischen Blättern und geringem Wasserbedarf sind sie genau die richtige Wahl für Blechdosen und andere kleine Behälter. Stellen Sie ein Arrangement aus unterschiedlichen Farben, Formen und Stilen zu einem unkonventionellen und charmanten Mini-Garten zusammen. Alte Blechdosen stehen in den meisten Haushalten herum, sonst fragen Sie bei Freunden oder Verwandten. Auch auf Floh- und Bauernmärkten, bei Haushaltsauflösungen, in Trödelläden oder im Internet findet man passende Büchsen und Dosen. Da Sie keine Lebensmittel darin aufheben wollen, dürfen die Dosen ruhig angestoßen, verrostet oder gar durchlöchert sein. Vor allem Aufdrucke im Vintage-Stil und leuchtende Farben machen sich im Garten, Hof oder auf dem Balkon sehr gut. Stellen Sie auf dem Boden oder nebeneinander auf der Fensterbank eine Gruppe zusammen oder hängen Sie die Dosen an einer Wand oder einem Geländer auf.

Solange Sie kleinwüchsige Formen pflanzen und strauchförmige Arten, wie Rosmarin oder Salbei vermeiden, wachsen die Kräuter mehrere Jahre lang in ihren Dosen. Nicht vergessen: Dränagelöcher in den Boden bohren.

Sie brauchen

Mehrere alte Dosen oder Büchsen

Bohrer oder Hammer und Nagel

Komposterde für Topfpflanzen

Hygromull® oder Perlit (Körnchen aus vulkanischem Gestein)

Kräuter mit kompaktem Wuchs – Basilikum, Thymian, Oregano, Majoran, Schnittlauch, Minze, Winterbohnenkraut, Koriander und Kerbel – jeweils eine Pflanze pro Topf

So wird's gemacht!

Bohren Sie drei bis fünf Löcher in den Boden. Mischen Sie zu gleichen Teilen Blumenerde und Hygromull®/Perlit und füllen Sie die Dose zu drei Vierteln auf; einpflanzen und gut gießen. Decken Sie das Substrat mit feinem Kies oder groben Schotter ab (zur Not von der Auffahrt). Mulch sieht nicht nur raffiniert aus, er hält auch das Wasser zurück und reduziert die Gießmengen.

Clever gärtnern

Pflanzen Sie in Teedosen und andere kleine Behälter kompakte und einjährige Arten. Große, verholzende Arten, wie Rosmarin und Salbei, passen besser in größere Kuchen- oder Keksdosen. Mit dem Nagel geschlagene Dränagelöcher müssen groß genug sein, um Wasser durchzulassen.

Guter Stil
trotz kleinem
Budget

Auch wer seinen Garten mit Blick auf das Budget gestaltet, muss nicht auf Stil verzichten. Ob ein familienfreundlicher Garten, in dem Fußball gespielt wird, ein romantischer Cottage-Garten, ein moderner Stadtgarten mit klaren Linien oder ein naturnaher Präriegarten mit langen Gräsern, alles ist ohne einen tiefen Griff ins Portemonnaie möglich … mit den richtigen Ideen.

Ein Cottage-Garten

Stellen Sie sich ein reetgedecktes Haus vor, mit üppigen Kletterrosen über dem Eingang, Lattenzaun und einem gewundenen, mit Ziegelsteinen gepflasterten Weg durch dichte Stockrosen, Wicken und Jungfern-im-Grünen. So sieht ein Cottage-Garten aus, romantisch, charmant und ein wenig wild – allerdings nur im Bilderbuch. Es geht zwar auch ohne reetgedecktes Haus, aber schön wäre es doch …

Im ländlichen England lebten Generationen von Arbeitern in solch traditionellen Häusern. Sie waren gezwungen, ihr spärliches Einkommen durch Obstgehölze und Gemüse auf kleiner Fläche zu ergänzen, im wilden Durcheinander mit Blumen und Heilkräutern. Hühner machten sich über die Schnecken im Beet her und alle festen Materialien stammten aus der Nähe, waren selbst gemacht oder recycelt. Für die Wege nahm man Ziegelsteine oder Kies, für Zäune Holz oder geflochtene Weidenzweige. Die Gartenmöbel trug man bei Bedarf aus dem Haus ins Freie.

In einem Cottage-Garten dreht sich alles um die Pflanzen; viele Pflanzen. Es kommt nicht darauf an, was Sie pflanzen – verschiedene fröhliche Ein- und Zweijährige, Kletterpflanzen –, solange der Garten nur bunt, lebendig und ein bisschen chaotisch aussieht. In traditionellen Cottage-Gärten wurden die Blumen gesät und säten sich später selbst aus, daher die wunderschöne Wildheit. Da es in einem Cottage-Garten weder Regeln noch gerade Linien gibt, ist er ideal für preisbewusste Gärtner. Feste Oberflächen sind auf ein Minimum beschränkt, sodass den Pflanzen viel Raum bleibt, sich auszusäen und Jahr für Jahr neu zu keimen, kostenlos und ohne Mühe.

Fünf Tipps für einen Cottage-Garten mit kleinem Budget

1. Reduzieren Sie feste Oberflächen auf ein Minimum: schaffen Sie Raum für die Pflanzen.

2. Gartenmöbel müssen nicht schick und einheitlich aussehen: Werfen Sie ein Tischtuch über einen alten Tisch und sitzen Sie auf billigen Stühlen, die nicht zusammen passen. Kunststofftöpfe und -möbel haben hier nichts zu suchen: ideal sind recycelte alte Tröge, Kisten und Gefäße.

3. Pflanzen Sie Grenzhecken, anstatt Zäune zu ziehen. Heimischer Weißdorn, Stechpalmen, Haselnuss und Buchen sind als Jungpflanzen mit nackten Wurzeln extrem preisgünstig. Sie verleihen dem Garten ein naturnahes, rustikales Aussehen und locken Wildtiere an.

4. Kaufen oder sammeln Sie Samen und bitten Sie Freunde um Stecklinge oder geteilte Pflanzen, statt teure Exemplare zu kaufen. Wenn Sie in der Frühlingsmitte säen, explodieren die Beete im Hochsommer in einer Orgie herrlicher Farben.

5. Mulchen Sie nicht und jäten Sie vorsichtig! Viele traditionelle Arten der Cottage-Gärten säen sich selbst aus: sie werden durch Mulch unterdrückt. Zupfen Sie nicht jedes „Unkraut" aus, es könnte sich als wunderschöne Blume entpuppen. Mit der Zeit erkennen Sie, welcher Keimling zu Ihrer Lieblingspflanze wird: sie darf stehen bleiben oder wird an eine günstigere Stelle umgesetzt. Bis dahin gilt: Erst nachdenken und beobachten, dann jäten.

So wird ein Cottage-Garten bepflanzt:
Design-Tipps

Jeder weiß, wie schwierig es ist, ein großartiges Chaos zu gestalten. Selbst bei einem informellen Stil, wie dem Cottage-Garten, gelten beim Bepflanzen der Beete ein paar Regeln.

Pflanzen Sie weder in Reihen noch in geometrischen Blöcken, sondern in zufälliger Verteilung, als hätten sich die Pflanzen selbst ausgesät. Ausnahme: Wegränder, denen Reihen aus Lavendel und anderen buschigen Pflanzen eine feste Struktur geben.

Mit hohen Arten setzen Sie Akzente über dem Blumenmeer und gestalten die Beete abwechslungsreicher. Lassen Sie Kletterpflanzen über Stangenzelte aus Weide oder Hasel klettern – selbst gesammelt oder billig gekauft (siehe S. 128; *Ein einfacher Weiden-Wigwam*). Dabei dürfen ruhig mehrere Arten dieselbe Stütze nutzen: Stangenbohnen, Prunkwinden und Waldreben.

Lassen Sie Pflanzen stehen, die sich selbst in Ritzen aussäen. In der Regel sieht es besser aus, wenn hohe Pflanzen hinten und niedrige vorn wachsen, doch gelegentliche Regelverletzungen machen das Beet aufregender und spontaner.

Oben Japanische Anemonen sorgen in einem bunten Durcheinander für Höhe, während Oregano und kriechender Thymian die scharfen Kanten brechen.

Der richtige Look: 17 Must-Haves

Sonnenanbeter

Stockrosen *(Alcea rosea)* oben Mitte
An stolz aufragenden Stängeln stehen Einzelblüten, so groß wie Untertassen. Die weiß oder rosa blühenden Stockrosen leben am richtigen Standort mehrere Jahre lang.

Rittersporn *(Delphinium)*
Echte Ausrufezeichen mit tiefblauen, lavendelfarbenen und purpurnen Blüten. Die prachtvolle himmelblaue Sorte 'Summer Skies' wird aus Samen gezogen.

Wohlriechende Wicke
Sicherlich der definitive Duft des Sommers. Wird Verblühtes regelmäßig entfernt, blühen sie ständig weiter. Wicken dürfen nicht austrocknen, weil sie leicht vom Echten Mehltau befallen werden.

Mexikanisches Berufkraut *(Erigeron karvinskianus)* oben links
Dieses Teppich bildende Korbblütengewächs sät sich gerne selbst in Fugen und auf Mauern aus und sorgt verlässlich für das typisch informelle Flair eines Cottage-Gartens. Die Blütenköpfchen sind zunächst weiß mit gelber Mitte und färben sich dann rosa zu einem üppigen, zweifarbigen Blütenmeer. Bienen und Schmetterlinge lieben die Blüten; die Pflanzen werden einmal ausgesät und verbreiten sich von selbst.

Jungfer-im-Grünen *(Nigella damascena)*
Ein filigranes Geflecht aus Hochblättern spinnt sich um exquisite blaue Blüten. *Nigella* muss nur einmal gesät werden, dann sät sie sich überall selbst aus, auch in den Fugen von Wegen und Pflasterflächen.

Stauden-Phlox *(Phlox paniculata)*
Eine heitere Charakterpflanze des Cottage-Gartens mit dicht an dicht stehenden, leuchtend rosa Blüten; den schweren Duft gibt's als Bonus.

Oregano *(Origanum vulgare)* oben rechts
Eigentlich ist Oregano ein Gewürz, aber Sie werden es nicht bereuen, diesem duftigen Teppich aus frisch Grün und Weiß ein Plätzchen zu gönnen. Die Blüten ziehen Bienen magisch an und da sich Oregano freigiebig in allen Lücken selbst aussät, verleiht er dem Garten das Flair charmanter, duftender Spontaneität.

Schmuckkörbchen *(Cosmos bipinnatus)*
Diese anspruchslosen Zweijährigen erinnern mit ihren riesigen Blütenköpfchen an Gänseblümchen auf Steroide. Wenn Verblühtes regelmäßig abgeschnitten wird, blühen sie den ganzen Sommer über bis zu den ersten Frösten. Säen Sie im Frühling die Sorte 'Sensation Mixed' direkt an Ort und Stelle aus; schon innerhalb eines Monats zeigen sich rosa, weiße und karminrote Blüten an hohen Stängeln.

Rauer Sonnenhut *(Rudbeckia hirta* 'Marmelade')
Diese Sorte zaubert mit ihren Blütenköpfchen ähnlich Cartoon-Smileys garantiert ein Lächeln auf Ihr Gesicht; es sind prachtvolle Schnittblumen.

Türkischer Mohn *(Papaver orientale)*

Die großen, zerknitterten, papierdünnen Blüten mit schwarzem Zentrum sind großartig, roh und ziemlich übertrieben. Zwar hält die einzelne Blüte nur wenige Tage, aber Mohn blüht verschwenderisch. Da sich die markante Staude über unterirdische Ausläufer ausbreitet, bitten Sie einen Bekannten mit gut etablierten Exemplaren, ob Sie ein paar Ausläufer ausgraben dürfen – knallrot oder die mattrosa, seidige Sorte 'Patty's Plum'.

Ringelblume *(Calendula officinalis* 'Indischer Prinz')

Noch eine gelbe Blume, die für gute Laune sorgt: Ringelblumen wachsen auch auf nährstoffarmen Böden und vertragen Trockenheit. Die leuchtend orangefarbenen Blüten und frisch-grünen Blätter wachsen traditionell im Gemüsegarten, wo sie bestäubende Insekten anlocken, sehen aber auch im Topf toll aus. Die ausgezupften Zungenblüten schmecken zwar nicht besonders durch, sind aber ein schöner Farbtupfer im Salat.

Astern *(Aster)* oben Mitte

Wenn sich im Spätsommer alle Blumen aus dem Garten verabschieden, schlägt die Stunde der Astern. Die kleinen, farbenfrohen Korbblütengewächse sorgen bis in den Herbst für eine wahre Flut von Farben. Neuenglandastern *(Aster novae-angliae)* sind etwas weniger anfällig für Mehltau. Ist nur Platz für eine einzige Sorte, entscheiden Sie sich für 'Septemberrubin', die sich mit Massen von aufregenden, tief rosaroten Blüten schmückt.

Weitere Infos:

siehe *Kostenlos zu neuen Pflanzen*; S. 110 ff.

Schattenliebhaber

Ziertabak *(Nicotiana sylvestris)* oben links

Die edlen, weißen Trompetenblüten des Ziertabaks sollten in keinem schattigen Garten fehlen; ihr moschusartiger Duft erinnert betörend an den Sommer.

Fingerhut *(Digitalis purpurea)*

Die unwiderstehlichen, hohen Blütenstände des Fingerhuts sind ein Hingucker für jeden Garten. Sie werden über einen Meter hoch und wirken fantastisch im Hintergrund eines Beetes und an jedem Standort im lichten Schatten.

Akelei *(Aquilegia vulgaris)*

Die langen Sporne der Blüten scheinen über den zierlichen Stängeln zu schweben. Die wunderschönen Pflanzen fühlen sich im Halbschatten am wohlsten.

Silberblatt *(Lunaria annua)*

Diese hübsche Waldpflanze lohnt sich wegen der attraktiven grünen Schoten, die sich im Spätsommer in silbrig durchscheinende, papierdünne Scheiben verwandeln. Die köstlichen malvenfarbenen oder weißen Blüten gibt's als Zugabe; wunderbar für schattige Ecken.

Brauner Storchschnabel *(Geranium phaeum)* oben rechts

Diese Art mit den kleinen, burgunderroten Blüten über schokoladenbraun gesprenkelten Blättern gehört zu den zierlichsten Vertreter der Storchschnäbel. Sie mag Schatten, wächst aber auch in der Sonne, füllt Lücken, versteckt nackte Erde und kommt allgemein bestens zurecht.

Ein Beet anlegen

Standort

Wo soll das Beet hin? Sonnig oder schattig, es gibt Arten für fast jeden Standort; am schwierigsten sind die Flächen unter Bäumen. Sie liegen nicht nur im Schatten, sondern sind auch extrem trocken, da die Baumwurzeln sehr viel Wasser ziehen – also, möglichst keine Beete unter Bäumen.

Form und Größe

Die nächste Frage betrifft die Form. Ein langer, schmaler Garten wirkt durch lange Beete rechts und links noch schmaler. Geschwungene Beete, die den Durchblick bis ans Gartenende verstellen, lassen ihn breiter und größer erscheinen. Mit nur einem großen Beet auf einer Seite bekommt der Garten Schlagseite, balancieren Sie dies mit einem Beet auf der anderen Seite aus.

Beachten Sie auch die Breite: Alle Beete, die schmaler sind als 1 m, wirken ziemlich mickrig – möglichst breiter anlegen.

Grenzen markieren

Sobald Standort und Form des Beetes feststehen, wird die Umrisslinie markiert. Füllen Sie eine Kunststoffflasche mit Sand, bohren Sie ein Loch in den Deckel und streuen Sie den Umriss mit Sand auf den Boden. Alternativen wären Freistoßspray und für regelmäßige Bögen ein Gartenschlauch auf dem Boden. Stechen Sie den Umriss entlang dieser Linie sauber mit dem Spaten ab.

Umgraben

Sollten auf der Beetfläche Pflanzen wachsen, benutzen Sie eine Grabgabel. Graben Sie nicht die ganze Fläche auf einmal, sondern immer nur ein paar Quadratmeter gabeltief um. Entfernen Sie dabei Steine, Unkraut und Wurzeln und zerbrechen Sie Erdklumpen mit dem Gabelrücken.

Wächst noch Rasen auf dem späteren Beet, stechen Sie einen Spaten horizontal unter die Grassoden; herausheben. Stapeln Sie die Grassoden mit der Grasseite nach unten in einer Gartenecke auf. Sie verwandeln sich später in nährstoffreichen Kompost.

Achten Sie beim Umgraben auf den Boden. Dunkelbrauner, krümeliger Boden, der sich gut umgraben lässt, ist lehmig – der bestmögliche Boden, den Sie ohne Verbesserungsmaßnahmen direkt

bepflanzen können. Wachsen auf der Oberfläche Flechten und Algen, ist der Boden schlecht dräniert und feucht. Sehr staubiger Boden ist trocken und wahrscheinlich nährstoffarm. Klebriger, relativ heller Boden ist tonig und schwer zu bearbeiten. Machen Sie den Test auf S. 9, um Ihren Boden besser kennenzulernen.

Boden verbessern … im angemessenen Rahmen

Zugabe von Kompost und/oder feinem Kies verbessert in jedem Boden Durchlässigkeit und Nährstoffgehalt. Es macht aber mehr Sinn, für einen schweren Boden Pflanzen auszuwählen, die unter diesen Bedingungen gedeihen. Während mediterrane, an Trockenheit angepasste Pflanzen in Tonböden große Schwierigkeiten hätten, fühlen sie sich in sandigen, leichten Böden, die rasch Wasser ableiten, pudelwohl. Prüfen Sie daher vor dem Pflanzenkauf die Standortbedingungen Ihres Gartens und wählen Sie Arten, die darin gut gedeihen und gesund bleiben.

Gut verrotteter Gartenkompost, Stallmist und Pilzkompost ist ein Segen für jeden Boden, weil sie ihn mit zusätzlichen Nährstoffen versorgen und die Dränage verbessern. Sollten Sie noch keinen eigenen Kompost angesetzt haben (siehe S. 139), erkundigen Sie sich bei der Gemeinde, wie Sie an fertigen Kompost aus Grünabfällen kommen – er ist meist relativ preiswert. Vielleicht kennen Sie auch eine Pilzfarm in Ihrer Nähe; der Kompost, in denen die Pilze gewachsen sind, verbessert den Boden nachhaltig. Verteilen Sie den Kompost in einer etwa 10 cm dicken Schicht und arbeiten Sie ihn locker mit der Grabgabel ein.

Mit Formen spielen

Jetzt können Sie mit dem Einpflanzen beginnen. Die besten Zeiten sind Herbst und Frühling, denn dann kann gesät werden und das Angebot der Gartencenter ist groß. Konzentrieren Sie sich bei der Auswahl nicht zu sehr auf Farben, sondern denken Sie auch an die Wuchsformen.

Betrachten Sie das Beet aus der späteren Blickrichtung und zeichnen Sie mit dem Finger Formen in die Luft. Planen Sie eine kompakte Pflanzenmasse? Großblättriges Schauspiel oder filigrane Wolken? Balancieren Sie runde Formen auf einer, mit entsprechenden Formen auf der anderen Seite aus.

Dicht, rund und ganzjährig präsent

Buchsbaum (*Buxus*)
Lorbeer (*Laurus nobilis*)
Schneeball (*Viburnum*)
Klebsame (*Pittosporum*)
Euphorbia characias
Heiligenkraut (*Santolina*)
Lavendel (*Lavandula*)

Schmal und hoch

Sonnig	Schattig
Arzneiehrenpreis	Fingerhut (*Digitalis*)
(*Veronicastrum virginicum*)	Trauben-Silberkerze
Steppenkerze (*Eremurus*)	(*Actaea racemosa*)
Königskerze (*Verbascum*)	
Rittersporn (*Delphinium*)	
Bartfaden (*Penstemon*)	

Wolkig-flockig als verbindende Elemente

Große Knorpelmöhre (*Ammi majus*)
Strahlen-Breitsame (*Orlaya grandiflora*)
Storchschnabel (*Geranium*)
Katzenminze (*Nepeta*)

Zarte Formen

Ziergräser
Fenchel (*Foeniculum vulgare*)

Großblättriges Schauspiel

Zimmeraralie (*Fatsia japonica*)
Honigstrauch (*Melianthus major*)
Flachs (*Phormium*)
Farne

Niedrige Arten für den Vordergrund

Bergenien (*Bergenia*)
Frauenmantel (*Alchemilla*)
Wollziest (*Stachys byzantina*)

Wenn Sie die Formen erarbeitet haben, überlegen Sie, wie das Beet im Winter aussieht – mit Ausnahme der Immergrünen bleibt es lange Zeit nackt und leer. Große Pflanzen gehören generell in den Hintergrund, aber einige hohe Exemplare weiter vorn wirken dynamisch. Berücksichtigen Sie, dass unser Auge Muster und Wiederholungen schätzt: Gruppen der gleichen Pflanzen an mehreren Stellen sehen harmonisch aus und lenken die Blicke.

Pflanzen Sie die Blumen, mit Ausnahme sehr großer Arten, in Gruppen von drei, fünf oder sieben Exemplaren. Einzelne Pflanzen wirken zu unruhig, da wir einzelne Farbflecke nicht separat, sondern als buntes Chaos wahrnehmen. Pflanzengruppen wirken dagegen rhythmisch und unterschiedliche Formen und Farben kommen dann besser zur Geltung.

Welche Pflanzen?

Nachdem die Formen feststehen, brauchen Sie nun die entsprechenden Pflanzen. Pflanzen sind Werkzeuge, die eine bestimmte Wirkung erzielen sollen. Denken Sie an Ihren Boden und wählen Sie daran angepasste Arten aus. Sehen Sie bei Spaziergängen über den Gartenzaun und halten bei Freunden und Verwandten die Augen offen – übernehmen Sie gute Ideen.

Farben

Farben sind wichtig, aber in einem guten Beet ist Beschränkung der Weg zum Erfolg. Übrigens, auch Weiß ist eine Farbe. Beachten Sie bei einer „weiße Rabatte", dass Weiß und Cremeweiß nicht unbedingt zueinander passen.

Außerdem ist Grün nicht gleich Grün. Neben sattgrünem Buchs sieht das Limonengrün des Frauenmantels großartig aus.

Der Pflanzenkauf

Mit etwas Glück bekommen Sie einen kostenlosen Grundstock von Ihren Freunden (siehe S. 110; *Kostenlos zu neuen Pflanzen*). Je nach Jahreszeit werden einige direkt ins Beet gesät oder in kleinen Töpfen vorgezogen und später eingepflanzt. Einige werden Sie aber kaufen müssen. Da kleine Exemplare oft preiswerter angeboten werden als große, können Sie damit effektiv Geld sparen – sie holen die großen rasch ein.

Ein Wickentunnel

Bögen und Pergolen werten jeden Garten auf, denn sie sorgen für Höhe – leider sind sie auch teuer. Warum bauen Sie sich ein solches Element nicht einfach selbst, dazu mit dem nostalgischen Flair eines Cottage-Gartens? Das ist einfacher als Sie glauben, in beliebiger Länge. Der Tunnel wäre ein fröhlicher Zugang zu einem Kindertrampolin. Es dauert nur wenige Monate und aus einigen Weidenzweigen und Wickensamen wird ein wunderbar duftender Tunnel.

Sie brauchen

Braune Weidenzweige, eingeweicht (keine lebenden oder grünen; sie schlagen Wurzeln). Rechnen Sie auf einen Meter Weg etwa 40 Zweige (3 m lang, für Kinder 2,50 m). Auf Seite 126 finden Sie mehr Tipps zu Weiden.

Gartenschnur

Gartenschere

Wickensamen

Wann?

Konstruktion jederzeit; Aussaat der Wicken im Frühling

So wird's gemacht!

Stecken Sie die Weidenzweige beiderseits des Weges mit dem dicken Ende nach unten in die Erde. Halten Sie einen Abstand von etwa 8 cm ein. Biegen Sie die Zweige in der Mitte bis zu der gewünschten Tunnelhöhe zusammen. Binden Sie die Enden an dieser Stelle mit der Schnur aneinander fest, sodass eine Reihe von Bögen entsteht. Drehen Sie dazu dünne, lose Enden um den Zweig gegenüber und fixieren Sie das Ende mit Gartenschnur.

Verstärken Sie die Seiten des Tunnels, damit die rankenden Wicken horizontale Haltepunkte finden. Die Weidenruten müssen gründlich gewässert werden (siehe S. 126), sonst sind sie nicht biegsam genug. Flechten Sie eine der Ruten in 20 cm Abstand vom Boden durch alle Bögen. Ist die Rute zu kurz, setzen Sie eine andere an; lose Enden festbinden. Flechten Sie eine zweite und dritte Weidenrute direkt darüber, jedes Mal versetzt für höhere Stabilität. Machen Sie dasselbe gegenüber. Flechten Sie auf beiden Seiten zwei weitere Dreiergruppen in die Bögen ein (40 cm Abstand), bis sich der Tunnel fest und sicher anfühlt.

Nun werden die Wicken gesät: Verteilen Sie die Samen mit 5 cm Abstand auf beiden Seiten des Tunnels. Nur wenn die Samen dicht liegen, erreichen Sie die erwünschte Blütenfülle; gründlich gießen. Schützen Sie die Keimlinge vor Schnecken, bis sich die Pflanzen etabliert haben und binden Sie die Stängel an den Weiden fest. Knipsen Sie Verblühtes ab, bevor sich Schoten bilden, um neue Blüten anzuregen. Einige Schoten dürfen ausreifen – sie liefern die Samen für das nächste Jahr.

Der Wickentunnel darf beliebig lang sein. Allerdings sind maximale Farbenpracht und Duft nur gewährleistet, wenn Sie die Wicken dicht an dicht säen.

Ein moderner Garten

Moderne Gärten zeichnen sich dank gerader Linien und einer zurückgenommenen Farb- und Materialauswahl durch eine relativ formale Atmosphäre aus. Im Unterschied zum traditionellen Garten nehmen feste Oberflächen mehr Raum ein. Dennoch werden die Pflanzen im Hinblick auf ihre Wirkung sorgfältig ausgesucht. Kriterien sind skulpturenrartige Formen oder prachtvolle Blätter, geringer Pflegebedarf und ganzjährige Wirkung – daher wachsen hier viele Immergrüne, die oft zu Kugeln oder anderen formalen Formen beschnitten sind. Bei den Farben dominiert das Grün, das jedoch mit weißen und fast schwarzen Blüten durchsetzt ist. Pflanzen betonen auch die Linien des Gartens, beispielsweise Lavendel neben einem geraden Weg. Angestrebt wird ein stylischer, unaufdringlicher, aber hochwertiger Eindruck. Wie kann das mit kleinem Budget möglich sein?

Links und oben Töpfe mit Sukkulenten beiderseits der Treppe betonen die Symmetrie; die Skulptur setzt einen zeitgenössischen Akzent.
Rechts Ein Honigstrauch (*Melianthus major*) mit tief gesägten Blättern.

So wird ein moderner Garten bepflanzt:
Design-Tipps

Investieren Sie Geld in eine Handvoll eindrucksvoller Lieblingspflanzen mit skulpturartiger Wirkung. Sie gehören an auffällige Standorte oder als Blickfänge ans Ende des Gartens. Die Lücken werden kostengünstig mit niedrigen Bodendeckern gefüllt.

Unterstreichen Sie Symmetrie und Linienführung des Gartens durch die Bepflanzung. Ein gerader Wegesrand, der beiderseits von einem Band gleichartiger Pflanzen – zu Kugeln geschnittener Buchs, dazwischen Lavendel (*Lavandula angustifolia* ʿHidcoteʾ) oder Katzenminze (*Nepeta* ʿSix Hills Giantʾ) – gesäumt wird, lenkt den Blick in die Ferne. Ein Paar identischer Kübel oder Pflanzen betont ein Tor oder den Beginn eines Weges.

Halten Sie sich bei der Pflanzenvielfalt zurück. In einem kleinen Garten reichen drei oder vier Arten völlig aus. Eine Mischung aus weißem Fingerhut (*Digitalis purpurea* ʿAlbaʾ), Frauenmantel und Buchsbaum sieht elegant und wirkungsvoll aus.

Verkleiden Sie Mauern und Zäune mit Immergrünen, wie Kamelien an einem Gerüst oder Kletterhortensien. Sie bilden einen hübschen, ruhigen Hintergrund, vor dem die Hingucker glänzen dürfen. Außerdem sorgen sie im Winter für Struktur.

Der richtige Look: Zehn moderne Must-haves

Preiswerte Bodendecker

Frauenmantel (Alchemilla mollis)

Form und Struktur der muschelartigen, limonengrünen Blätter, in denen sich Regentropfen sammeln, und die zarten Wölkchen winziger Blüten fügen sich perfekt in moderne Gärten ein. Frauenmantel wächst an fast allen Standorten und da sie sich reichlich selbst aussäen, dürfen Sie sicher ein paar Exemplare für den Start ausgraben.

Kostenlos zu neuen Pflanzen: Jungpflanzen aus Selbstaussaat umpflanzen, S. 112.

Haselwurz (Asarum europaeum)

Die immergrünen, nierenförmigen Blätter bilden einen glänzenden Teppich – großartig für eine Schattenfläche. Die Pflanze breitet sich vor allem in nährstoffreichem Boden stark aus; kaufen Sie kleine Pflanzen und verteilen Sie viel Kompost.

Kostenlos zu neuen Pflanzen: Stauden teilen, S. 117.

> **Zierlauchzwiebeln sind viel billiger als fertige Pflanzen. Fangen Sie mit ein paar Zwiebeln an: sobald sich eine dichte Gruppe entwickelt hat, werden die Zwiebeln im Frühling oder Herbst geteilt und vergrößern dann rasch ihren Bestand.**

Echte Hingucker

Honigstrauch (Melianthus major)

Die überhängenden, gesägten, graugrünen Blätter duften nach Erdnussbutter – dieser Strauch mit tropischer Anmutung liefert Gesprächsstoff. Mit etwas Glück bildet er sogar hohe, magentafarbene Blütenstände. Die Pflanze ist nicht gerade billig, aber winterhart und jeden Cent wert.

Olivenbaum (Olea europaea)

Ein alter Olivenbaum gibt einem Garten Gewicht, doch bereits kleine, junge Bäumchen sind schön und überraschend preiswert. Allerdings überstehen Olivenbäume keine harten Winter.

Ahorn (Acer)

Ahorne, vor allem die asiatischen, sorgen mit eleganten Blättern und skulpturartigen Formen überall für Aufmerksamkeit. Da sie langsam wachsen, sind sie ideal für kleine Gärten und Kübel. Beim Davidsahorn (Acer davidii) schält sich die Borke schlangenartig ab; auffallend gelb-orangene Herbstfärbung! Der Zimtahorn (A. griseum) hat eine raue Borke und rote Blätter.

Ziergräser

Die ordentlichen, kompakteren Ziergräser geben dem Beet ganzjährig Struktur und bringen mit den wehenden Stängeln Bewegung ins Bild. Da sie mit einem Rückschnitt bis zum Boden (im Vorfrühling) auskommen, sind sie ideal für den pflegeleichten Garten. *Miscanthus sinensis* 'Morning Light' wirkt mit wunderbar überhängenden, silbrigen Stängeln wie eine Skulptur; *Imperata cylindrica* 'Rubra' verdankt seinen Namen „Japanisches Blutgras" den leuchtend scharlachroten Blattspitzen.

Kostenlos zu neuen Pflanzen: Jungpflanzen aus Selbstaussaat umpflanzen/Stauden teilen, S. 112/117.

Akanthus (Acanthus mollis oder A. spinosa)

Akanthus bereichert mit dunklen, glänzenden Blättern und hohen Blütenständen mit weißen Blüten über purpurnen Hochblättern jeden Schattengarten. Sein nostalgischer Duft erinnert an große Herrenhäuser, doch die markante Form fügt sich auch bestens in den modernen Garten ein.

Kostenlos zu neuen Pflanzen: Wurzelschnittlinge machen, S. 114.

Zierlauch

Allium-Arten präsentieren sich als gerader, blattloser Stängel mit einer Kugel aus Blüten darauf; es sind stylische Ausrufezeichen überall im Garten. Pflanzen Sie Zierlauch als Blickfang in dichten Gruppen ins Beet oder in einen großen Topf. *Allium hollandicum* 'Purple Sensation' hat die traditionellen purpurroten Blüten, während *A. cristophii* mit einer enormen, spritzigen, weißen Blütenkugel abschließt.

Kostenlos zu neuen Pflanzen: Stauden teilen, S. 117.

Schwarzrohrbambus *(Phyllostachys nigra)*

Die ausgefallenen schwarz-purpurnen Stängel und glänzend dunkelgrünen Blätter machen ihn zu einer der elegantesten Pflanzen im modernen Garten. Er eignet sich hervorragend um unschöne Bereiche zu verbergen, für ungünstige schmale Flächen oder als Kübelpflanze. Da die Pflanzen recht teuer sind, fangen Sie mit ein paar Exemplaren an und stocken Sie den Bestand nach einigen Jahren durch Teilung auf.

Kostenlos zu neuen Pflanzen: Stauden teilen, S. 117.

Australischer Taschenfarn *(Dicksonia antarctica)*

Dieser Baumfarn zeichnet sich durch einen urzeitlichen Stamm aus, auf dem ein Schopf aus spektakulären grünen Wedeln sitzt – ein eindrucksvoller Blickpunkt im modernen Garten, vor allem, wenn ein exotisches Aussehen angestrebt wird. Der einzige Nachteil ist der hohe Preis: Der Farn wächst sehr langsam, verbringt also viele Jahre in der Gärtnerei bis sich der Stamm ausbildet; das muss der Kunde bezahlen. Wenn Sie jemanden mit einem sehr alten Farn kennen, an dessen Basis Schösslinge auswachsen, bitte Sie ihn um einen Ableger. Alle übrigen müssen sich entscheiden: Entweder einen jungen, preiswerten Farn kaufen und jahrelang auf den charakteristischen, struppigen Stamm warten oder am Ende der Gartensaison auf großzügige Nachlässe für ein größeres Exemplar hoffen.

Kostenlos zu neuen Pflanzen: Ableger abnehmen, S. 113.

Oben Die markanten Formen der Akanthusblüten (links) kommen am besten als dichte Gruppe im Beethintergrund oder paarweise an einem Tor zur Geltung. Die zierlich zerschlitzten Blätter von *Acer dissectum* 'Purpureum' (Mitte) sehen exotisch aus und werden mit der purpurnen Herbstfärbung zu attraktiven Blickpunkten. Die kugeligen Blüten des Zierlauchs (rechts) sind dramatische Ausrufezeichen im zeitgenössischen Garten.

Formschnitt für kleines Geld

In fast allen modernen Gärten steht ein in Form geschnittenes immergrünes Gehölz wie Buchskugeln oder Hochstammlorbeer mit kugelig geschnittener Krone. Solche immergrünen Gehölze bilden das Rückgrat des winterlichen Gartens, wenn sich andere Pflanzen bis zum nächsten Frühling zurückziehen. In der Tat kommen Formschnittpflanzen mit überraschend wenig Pflege aus – einmal schneiden im Sommer – und sorgen auch im kleinen Garten unmittelbar für einen formalen Anstrich und Größe.

Fertige Buchskugeln sind teuer, denn Buchsbaum wächst langsam. Sie können den hohen Preis vermeiden, indem Sie wurzelnackte Exemplare für eine Hecke kaufen, einpflanzen und selbst zu Kugeln erziehen. Es dauert zwar mehrere Jahre, aber der Weg dahin ist sehr befriedigend und Sie können den Strauch in jede beliebige Form schneiden. Außerdem riskieren Sie nicht, einen teuer erworbenen fertigen Strauch sterben zu sehen, weil Sie schon in der ersten Woche das Gießen vergessen haben.

Links Bei diesem vormals unkontrolliert wuchernden Lorbeer wurden die unteren Zweige entfernt und die Krone in Form gebracht – fertig war das elegante Formschnittbäumchen.

Clever gärtnern

Noch billiger kommen Sie weg, wenn Sie statt Buchs eine andere Pflanze wählen. Die Japanische Stechpalme (*Ilex crenata*) sieht fast genauso aus und lässt sich ähnlich gut in Form schneiden, ist aber gewöhnlich billiger und nicht anfällig für Buchsbaumkrebs – diese Pilzkrankheit löscht im Nu oft ganze Bestände aus.

Kaufen Sie für einen Hoch-stammlorbeer - diese traditio-nellen Bäumchen stehen gerne am Eingang italienischer Trattorias - einen normalen Strauch und schneiden Sie alle Zweige unten am Hauptstamm ab. Die oberen Zweige bleiben stehen und werden zweimal jährlich in Form geschnitten, damit sie sich stärker ver-zweigen.

Modernes Pflaster für fast umsonst

Große Flächen mit coolem Pflaster bestimmen den Charakter moderner Gärten. Gerade Linien, Formalität und Symmetrie sind die Schlüsselelemente. Geschwungene Wege zwischen überquellenden Beeten sind typisch für Cottage-Gärten. Ein gerader, von Buchs gesäumter Mittelweg, der den Blick auf einen Ahorn im Kübel lenkt, steht für Modernität. Leider kann Steinpflaster unverschämt teuer sein.

Für eine kleine Fläche – Sitzplatz und ein Weg, der darauf zu läuft – sollte man durchaus an Kalk-/Sandsteinplatten aus heimischen Steinbrüchen denken. Auch wenn solche Natursteine teuer sind, zahlt sich der hohe Preis aus, wenn man das Endergebnis betrachtet. Suchen Sie im Handel oder im Internet nach günstigen Sonderangeboten.

Für einen modernen Look werden Platten mit glatten Kanten mit sauberen, geraden Fugen verlegt. Die festen Flächen erscheinen besonders puristisch, wenn Sie sich für große Platten – gerade auch im kleinen Garten – mit möglichst wenigen störenden Fugen entscheiden.

Clever gärtnern

In manchen Stadtgärten sind Wege oder Terrassen mit alten, hässlichen Betonplatten belegt. Die Abriss- und Entsorgungskosten sind so hoch, dass man sie besser liegen lässt. Verstecken Sie den Beton unter einer Lage neuer Platten. Sollte die Fläche dann zu hoch werden, entscheiden Sie sich für dünnere Fliesen oder Klinker. Sie werden auf glatten Betonflächen auf Mörtel oder einer Schicht Kunstharzkleber verlegt.

Moderne Töpfe für schmales Budget

Stylische Topfpflanzen brauchen stylische Gefäße. Traditionelles Terrakotta ist nie verkehrt, aber es muss kein teures Exemplar sein. Werten Sie einen großen Topf aus der Massenproduktion mit „alter" Patina auf (siehe S. 28).

Auch bleifarbene Gefäße aus Metall oder Fiberglas fügen sich gut in moderne Gärten ein. Streben Sie ein einheitliches Aussehen an. Ein Mischmasch aus unterschiedlichen Steinen oder Töpfen verdirbt die angestrebte Klarheit des Designs. Außerdem sehen wenige große Töpfe besser aus als viele kleine.

Halten Sie auch die Bepflanzung so einfach wie möglich. Die üppige Fülle einer einzigen Sorte in einem Gefäß am Ende eines Weges oder als Paar neben der Tür zieht den Blick auf sich.

Gehen Sie bei der Wahl der Pflanzen über die üblichen Arten mit interessanten Blättern und Blüten hinaus: *Aeonium*-Arten im Blumenkasten sind großes Drama. Diese vorzeitlich aussehenden Sukkulenten sehen selten und teuer aus. Kaufen Sie ein grünes und ein purpurnes Exemplar und ziehen sich eine wundervolle Kollektion heran (für die Vermehrung siehe S. 116; *Triebstecklinge*). *Aeonium* verträgt keinen Frost und muss im Haus überwintern.

Tulpen sehen im Topf großartig aus, insbesondere wenn Sie sich auf eine oder zwei Sorten beschränken. Statt jedes Jahr neue Zwiebeln zu kaufen und den Topf frei für Nachfolger zu machen, nehmen Sie die Zwiebeln nach der Blüte heraus; im Garten einpflanzen und die Blütenstängel entfernen, nicht die Blätter. Im Herbst kommen die Zwiebeln wieder zurück in den Topf.

Der Familiengarten

Ein Familiengarten muss nicht alle Wünsche der Familienmitglieder erfüllen, aber doch jedem etwas bieten. Das könnten ein Bolzplatz auf dem Rasen oder ein Trampolin für Kinder, ein Gemüsebeet oder ein Liegeplatz in der Sonne für Erwachsene oder ein angemessen großer Ess- und Grillplatz sein.

Einen Garten preisgünstig gliedern

Ein Garten mit einzelnen „Gartenzimmern" bietet jedem etwas. In der Tat lassen sich gerade lange, schmale Reihenhausgärten gut untergliedern.

Auf den Essplatz am Haus, eingerahmt von attraktiv bepflanzten Blumenbeeten, folgen eine Hecke oder Kletterpflanzen, die den Rasen abtrennen. Dort dürfen die Kinder Ball spielen.

Gartenräume sorgen für Familienfrieden, denn die wertvollen, schönsten Pflanzen wachsen an einem gut sichtbaren Ort und Sie müssen die Kinder nicht jedes Mal ermahnen, wenn sie etwas wilder spielen und die schönen Blumen „gefährden".

Ein langer Garten, der in verschiedene Räume getrennt wird, erscheint größer, weil Barrieren die wahre Größe des Gartens kaschieren. Sparen Sie Lücken in der Hecke aus – eine in der Mitte, vielleicht auch rechts und links vom Zentrum. Sie sind Eingänge zum nächsten Gartenraum und erlauben hübsche Durchblicke.

Hecken

Eine etwa 1,50 m hohe Schnitthecke ist die einfachste und billigste Möglichkeit, einen Garten zu unterteilen. Die besten Pflanzen für solche Hecken sind immergrüne Eibe – das Vorurteil, sie wüchse zu langsam, stimmt nicht –, Hainbuche oder Buche. Sie sind im Sommer frisch grün und behalten im Winter ihre braunen Blätter.

Pflanzen Sie die Hecke im Winter oder Vorfrühling, wenn die Gärtnereien Gehölze mit nackten Wurzeln anbieten – sie kosten deutlich weniger als Containergehölze. Bereiten Sie einen Pflanzgraben vor, entfernen Sie Unkräuter und lockern allzu kompakten Boden auf. Für eine dichte Hecke brauchen Sie zwei Reihen und zwei bis drei Pflanzen pro Meter. Im ersten Jahr gut gießen.

Clever gärtnern

Gegen Ende der Pflanzzeit werden Heckengehölze mit nackten Wurzeln besonders preiswert angeboten. Zum Ende des Winters versuchen viele Baumschulen, ihren Vorrat an Gehölzen mit nackten Wurzeln zu verringern. Mit dem richtigen Timing machen Sie echte Schnäppchen.

Rankgitter

Kletterpflanzen auf einem Rankgitter trennen einen Gartenbereich rasch als grüne oder blühende Wand ab. Fertige Gitter kosten nicht die Welt; streichen Sie das Holz dunkelgrau, damit es weniger auffällt. Falls das Gitter frei stehen soll, verankern Sie die Pfähle sicher im Boden.

Links In einem langen, schmalen Familiengarten schaffen Teilungen Räume für jeden.
Oben rechts Die pflegeleichten Waldreben *(Clematis)* begrünen ihr Rankgitter schnell.

Drei schnellwüchsige Kletterpflanzen für ein Gitter:

1. *Trachelospermum jasminoides* – immergrün, zierliche weiße Blüten mit süßem Duft; im Frühling bis dicht ans Gitter zurückschneiden, dann bleiben sie ordentlich.

2. *Solanum laxum* 'Album' – üppig rankend, mit weißen Blüten; im Frühling zurückschneiden.

3. *Clematis* – alle Arten und Sorten wachsen gut auf Rankgittern, von den riesigen purpurnen Blüten der *C.* 'Jackmanii' über die nostalgische Blütenfülle von *C. montana* bis zur immergrünen, duftenden *C. armandii* – es gibt für jeden Garten und Standort die passende Sorte.

So wird ein Trampolin versteckt

Trampoline stehen inzwischen in vielen Gärten. Man kann sie nicht unsichtbar machen, aber immerhin verstecken. Das Trampolin vollständig in den Boden zu versenken ist kostspielig, außerdem gefährlich, wenn die Arbeit nicht professionell durchgeführt wird. In der Senke sammelt sich Wasser und Kinder könnten durch eine Spalte hineinfallen. Es ist fraglich, ob sich der Aufwand lohnt, denn auch versenkte Trampoline haben ein Sicherheitsnetz, das sich nicht verstecken lässt.

Sehr junge Kinder dürfen noch nicht unbeaufsichtigt auf dem Trampolin springen. Daher darf es nur so weit abgeschirmt werden, dass stets ein wachsamer Blick möglich ist. Allerdings müssen Sie nur die Kinder im Auge behalten, nicht unbedingt den unschönen Metallrahmen. Eine Hecke ist aber nicht gleich nötig; Pfosten und Netz verschwinden auch hinter wehenden Halmen hübscher Ziergräser.

Probieren Sie es mit hohen Gräsern wie *Stipa gigantea*, deren Ähren in eindrucksvollen 2 m Höhe stehen. Auch das Gras *Calamagrostis* x *acutiflora* 'Karl Foerster' eignet sich gut, weil es einen schmalen Grasschopf von etwa 2 m Höhe bildet. Dicht nebeneinander bilden solche Gräser eine wunderschöne, natürliche Barriere, die ihre Farbe von hellgrün im Sommer bis rostbraun im Herbst und Winter verändert. Im Frühling wird das Gras bis zum Grund abgeschnitten. Für attraktive Abwechslung sorgen eingestreute hohe, „durchsichtige" Stauden wie Kugeldistel (*Echinops ritro*), Kupferfenchel mit gelben Blüten, purpurne *Verbena bonariensis* und die Bach-Kratzdistel *Cirsium rivulare* 'Atropurpureum'.

Eine gute Alternative wäre ein lebender Schirm vor dem Trampolin aus einer Reihe bewurzelter Weidenruten oder Wicken mit köstlich süßem Sommerduft. An einem runden Stangenzelt aus ein paar Bambusstäben und Maschendraht könnte eine Prunkwinde oder Kapuzinerkresse emporklettern. Oder Sie pflanzen eine einfache Buchenhecke und schneiden Sie knapp unterhalb der Sprunghöhe ab.

Links Hohe Gräser und die extrovertierte Kugeldistel.
Oben rechts Hinter den *Verbena bonariensis* fällt das markante Trampolin weniger auf.

Rasen

Bei einem komplett neu angelegten Garten erscheint der Gedanke an Rollrasen ziemlich verlockend. Dabei sparen Sie eine Menge Geld, wenn Sie den Rasen selbst säen! Die Bodenvorbereitung – beispielsweise verebnen, glatt rechen – müssen Sie in beiden Fällen erledigen, doch Samen ist nun einmal deutlich billiger als fertiger Rasen. Nach dem Verlegen muss der Rollrasen intensiv gegossen werden, damit er nicht austrocknet. Andererseits wird Rasen im Frühling oder Herbst gesät, wenn das Wetter nicht zu heiß ist – das bedeutet weniger Mühe. Ein gesäter Rasen ist zwar erst nach etwa zwei Monaten als solcher erkennbar, aber danach sieht niemand mehr den Unterschied.

Der richtige Look: Zehn Fußball-freundliche Pflanzen

Kinder wollen spielen, man kann ihnen nicht verbieten, einen Ball zu treten oder Schwert-kämpfe auf dem Rasen zu fechten. Wählen Sie daher Pflanzen, die einen gelegentlichen Voll-treffer aushalten.

1. Ziergräser weichen aus und biegen sich, springen aber entspannt wieder zurück.

2. Buchs wächst so dicht, dass die meisten Bälle abprallen.

3. Rosen sind zwar nicht ballfest, aber so stachelig, dass die Kinder diese Richtung beim zweiten Mal lieber meiden.

4. *Euphorbia myrsinites* ist dicht und elastisch: die Teppich bildende Immergrüne steckt Fußball-schüsse locker weg.

5. *Salvia nemorosa* 'Caradonna' hat über einem festen Blattkissen wunderschöne, malvenfarbene Blüten an aufrechten Blütenstängeln – sie biegt sich, bricht aber nicht ab.

6. Katzenminze *(Nepeta)* mit purpurnen Blüten an hohen Stängeln wächst ausgebreitet locker. Ein Ball, der darauf landet, richtet keinen großen Schaden an.

7. Die erstaunlich robusten Zweige des Laven-dels überstehen die meisten Angriffe.

8. Rosmarin nimmt Bälle gar nicht zur Kenntnis.

9. Thymian ist besonders robust. An seinem natürlichen Standort verträgt dieses Kraut sogar Huftritte und wird abgegrast. Was ist da schon ein Fußball?

10. Frauenmantel *(Alchemilla mollis)* ist ein großartiger Bodendecker, der sich rasch wieder aufrichtet, wenn er zerdrückt wird.

Im Uhrzeigersinn von oben links Lavendel, Thymian, Katzenminze und *Euphorbia myrsinites*.

Ein Spielhaus aus lebenden Weiden

Kinder lieben Spielhäuser, doch Holzhäuser sind teuer oder schwer zu bauen. Aus lebenden Weidenruten, die einen Bruchteil kosten, lässt sich eine fantastische Rundhütte bauen, die sich natürlich in den Garten einfügt.

Sie brauchen

1 Bündel grüne Weidenruten (ca. 3 m lang); Hybridsorten sind ideal, da sie weniger anfällig gegenüber Krankheiten sind. Für eine normale Hütte brauchen Sie etwa 45 Ruten. Siehe S. 126; *Tipps zu Weidenruten*
1 langer Schraubendreher
Gartenschnur
Kunststoffbänder (Flexi-Tie®; Internet) (optional)
2 Stöcke oder Pfähle
Schere/Gartenschere
Spaten
Rindenmulch (optional)

Wann?

Wintermitte bis zeitiges Frühjahr

So wird's gemacht!

Wählen Sie einen günstigen Standort aus; keine festen Oberflächen. Rasen ist ideal. Schneiden Sie ein Stück Gartenschnur ab – etwas länger als der Kreisradius und binden Sie an jedes Ende einen Stock. Stecken Sie einen Stock in die Kreismitte und kratzen Sie mit dem zweiten einen Kreis in den Boden.

Graspflanzen konkurrieren mit den Weiden und müssen entfernt werden. Schieben Sie einen Spaten horizontal unter die Graswurzeln und hebeln Sie Grassoden heraus. Werden die Soden mit dem Gras nach unten gestapelt, verwandeln sie sich in Kompost. Soll das Gras in der Hütte erhalten bleiben? Dann entfernen Sie das Gras auf dem Kreisbogen in einem 30 cm breiten Streifen. Lassen Sie das Gras am geplanten Eingang 1 m breit stehen.

Schneiden Sie das dicke Ende der Weidenruten schräg ab; das erleichtert das Einpflanzen. Stecken Sie an der Stelle des Türrahmens zwei Ruten dicht nebeneinander, mindestens 15 cm tief in den Boden; helfen Sie bei den Löchern mit dem Schraubendreher nach. Stecken Sie nun auf dem Kreisbogen alle 20 cm eine Weidenrute in den Boden. Wenn Sie am anderen Türrahmen ankommen, stecken Sie wieder zwei Ruten in den Boden. Falls Sie sich gegen Gras entschieden haben, streuen Sie nun Rindenmulch als weichen, kinderfreundlichen Boden aus – er unterdrückt auch das Unkraut.

Drehen Sie die beiden Ruten der Türpfosten umeinander und oben zu einem Bogen zusammen. Drehen Sie die Enden zusammen; mit Schnur festbinden. Achten Sie darauf, dass der Türbogen hoch genug ist.

Biegen Sie jeweils gegenüberstehende Weidenruten oben zusammen; Enden verdrehen und sicher festbinden. Fahren Sie fort, bis die igluartige Kuppel geschlossen ist. Stecken Sie nun weitere Weidenruten in einem Winkel von 45° in den Boden und flechten Sie die Ruten schräg zwischen die senkrechten ein; Enden eindrehen und festbinden.

Bis die Weidenruten angewachsen sind, müssen sie regelmäßig gegossen werden. Sobald die Ruten gut wachsen und Blätter austreiben, werden überstehende Triebe ins Hüttendach eingeflochten.

Clever gärtnern

Steht in Ihrem Garten ein großer Baum? Dann besorgen Sie sich einen alten Autoreifen, sprühen ihn mit Gummifarbe ein und hängen Sie ihn sicher an einen Ast. Fertig ist eine tolle Schaukel für klein – und groß!

Oben Mit flexiblen Kunststoffbändern lassen sich die Weidenruten unauffällig fixieren. Flechten Sie Weidenruten schräg zwischen die aufrechten Stützen.

Ein eigenes Beet

Wenn Sie Obst und Gemüse in Hochbeeten kultivieren, gönnen Sie Ihren Kindern ein eigenes Beet. Sie gehen eher in den Garten, um sich um ihr eigenes Beet zu kümmern, als Ihnen zu helfen.

Bauen Sie aus ein paar Ziegelsteinen ein einfaches Mini-Hochbeet – ohne Umgraben. Legen Sie die Steine in zwei Lagen als Rand aufeinander. Auf den Boden kommt eine Lage Pappe, dann wird das Beet mit ein paar Säcken Komposterde aufgefüllt.

Oben Recycelte Ziegelsteine als Rand eines einfachen Hochbeetes für Kinder. Pappe auf dem Boden hält den Boden feucht und unterdrückt Unkräuter; gepflanzt wird in nährstoffreichem Kompost.
Rechts Felsenbirnen sind ideale Gehölze für den Familiengarten. Sie wachsen relativ kompakt, haben herrliche Blüten und buntes Laub im Herbst. Und köstliche Früchte!

Fünf pflegeleichte Pflanzen für Familien mit wenig Zeit

Sie suchen Pflanzen, die auch ohne viel Pflege gedeihen? Diese!

Japanische Anemonen (*Anemone* x *hybrida*)
Diese eleganten, bis 1 m hohen Pflanzen blühen vom Spätsommer bis Mitte Herbst mit weißen oder rosa Blüten. Pflanzen Sie einige in den Beethintergrund; sie breiten sich über die Jahre weiter aus. Schneiden Sie Verblühtes ab – das ist alles.
Kostenlos zu neuen Pflanzen: Stauden teilen, S. 117.

Patagonisches Eisenkraut (*Verbena bonariensis*)
Die lebhaft purpurnen Blüten auf hohen, dünnen Stängeln verleihen jedem Garten eine natürliche Eleganz – Schmetterlinge lieben sie. Verbenen sind hoch genug, um eindrucksvoll zu wirken, wachsen aber dennoch locker und „durchsichtig".
Kostenlos zu neuen Pflanzen: Jungpflanzen aus Selbstaussaat umpflanzen, S. 112.

Kupfer-Felsenbirne (*Amelanchier lamarckii*)
Ein perfektes Gehölz für den Familiengarten mit jeder Menge Vorzügen: eine großartige Fülle weißer Blüten im Frühling, kupferfarbene, junge Blätter, die sich im Herbst gelbgrün und dann rot verfärben. Im Sommer tragen sie rote Beeren und die nackten Zweige bilden im Winter eine attraktive Kronenform.

Traubenlilie (*Liriope muscari*)
Die immergrüne, grasartige Pflanze bildet sogar in der Problemzone trockener Schatten dichte, dunkelgrüne Blattteppiche und im Herbst herrliche purpurblaue, hohe Blütenstände. Im Frühling werden die abgestorbenen Blätter entfernt; das war's. Kaufen Sie nur eine Pflanze und warten ab, bis sie sich nach ein paar Jahren ausgebreitet hat – dann teilen und neu einpflanzen.
Kostenlos zu neuen Pflanzen: Stauden teilen, S. 117.

Chinaschilf (*Miscanthus sinensis* 'Morning Light')
Ein ausgesprochen schönes, bis 2 m hohes Gras, dessen schmale, silbern-grün gestreifte Blätter sich zierlich nach außen neigen. Schneiden Sie es im Frühling konsequent bis zum Boden zurück.
Kostenlos zu neuen Pflanzen: Stauden teilen, S. 117.

Gelegentlich werden kleine Felsenbirnen preiswert angeboten. Der geringe Preis ist verlockend, aber es dauert mehrere Jahre, bis sie herangewachsen sind. Suchen Sie lieber nach möglichst preiswerten Exemplaren in 10-Liter-Töpfen.

Ein Präriegarten

Präriegärten zeichnen in stilisierter Form das Bild einer Prärie oder Wiese nach. Gräser und Stauden erzeugen den Eindruck einer ländlichen Idylle, sehen aber auch mitten in der Stadt gut aus. Der Architekt Piet Oudolf hat den High Line Park in New York meisterhaft nach diesem Prinzip gestaltet – als Wiesenband über dem Verkehr der Stadt.

Präriegärten sind ideal für faule Gärtner, die für naturnahe Landschaften schwärmen. Notwendig ist ein sonniger Garten mit möglichst nährstoffarmem Boden, denn „Präriepflanzen" bevorzugen gut durchlässige, magere Böden. Da die meisten Arten mehrjährig sind, kommen sie mit wenig Pflege aus. Viele müssen nur im Frühling bis zum Boden zurückgeschnitten werden. Ein Präriegarten ist ideal für Naturliebhaber, denn viele Stauden bilden reichlich Nektar und locken bestäubende Insekten an. Im Winter liefern die Samenstände wertvolles Futter für die Vögel.

Gerade Linien haben im Präriegarten nichts zu suchen. Reduzieren Sie feste Flächen und legen Sie geschwungene Kieswege zwischen den Pflanzgruppen an. Die meisten Pflanzen sind etwas teurer, denn Stauden werden als vorgezogene Exemplare, nicht als Samen angeboten. Vor allem große Gräser sind erstaunlich teuer – wie also passen Prärie und kleines Budget zusammen?

So wird der Prärie- garten bepflanzt: **Design-Tipps**

Gerade weil ein Präriegarten natürlich aus- sehen soll, muss er sorgfältig geplant werden, sonst endet alles im Chaos. Rechnen Sie auf einer üblichen Gartenfläche mit maximal zwölf Pflanzenarten, damit die „Prärie" als Einheit wirkt.

Pflanzen Sie jede Art in kompakten Gruppen zu mindestens drei Exemplaren, sonst wirken die Beete beliebig. Die Dreiergruppen wachsen rasch zu einer Einheit zusammen. Nur sehr große, eindrucksvolle Arten, wie *Stipa gigantea* oder *Melianthus major*, werden als Solitäre gepflanzt. Verteilen Sie die Dreier- gruppen in lockerer Rhythmik auf der Fläche.

Vermeiden Sie gerade Linien oder symmetri- sche Blöcke: pflanzen Sie in Schwüngen. Tropfenförmige Gruppen oder Bänder wirken natürlicher und nicht so künstlich.

Links Die lockeren, weichen Blätter und zierlichen Ähren des Frauenhaargrases wehen im Wind.
Rechts Pflanzen Sie Gruppen der gleichen Pflanzen an mehreren Stellen, um ein geschlossenes Bild zu erreichen.

Bepflanzung des Präriegartens

Wenn Sie mit Ihrem Präriegarten bei null anfangen, füllen Sie nicht gleich jede Lücke. Ein Garten ist immer auch „im Werden". Kaufen Sie zunächst eine oder drei (keine geraden Zahlen in naturnahen Gärten) Exemplare der gewünschten Stauden oder Gräser. Sehen Sie sich bei Freunden mit ähnlichen Gärten um – vielleicht sparen Sie sogar das Geld für Pflanzen (zur Vermehrung von Pflanzen siehe S. 108; *Kostenlos zu neuen Pflanzen*).

Bis die Stauden alle Lücken ausfüllen, behelfen Sie sich mit einjährigen Wiesenpflanzen; sie werden im Frühling direkt in die Lücken gesät (einige Beispiele, die das Budget nicht sprengen, finden Sie in der Liste unten). Die Einjährigen decken die nackte Erde rasch ab und verwandeln die Beete in eine farbenprächtige Wiesenlandschaft. Säen Sie ein oder zwei Jahre lang Einjährige, dann sind die Stauden gut etabliert und können erstmals geteilt werden. Auf diese Weise kommen Sie für wenig Geld zu einem Garten voller Stauden.

Einjährige für eine naturnahe Wiese in den Lücken

Große Knorpelmöhre (*Ammi majus*)

Kornblume (*Centaurea cyanus*)

Schlafmützchen (*Eschscholzia californica*)

Klatschmohn (*Papaver rhoeas*)

Großblütige Strahldolde (*Orlaya grandiflora*)

Kornrade (*Agrostemma githago*)

Der richtige Look: Must-haves für den Präriegarten

Frauenhaargras *(Stipa tenuissima)*
Dieser weiche Schopf aus Grasblättern sieht in Gruppen von mindestens drei Exemplaren einfach großartig aus. Die zarten Stängel schwingen schon in der leichtesten Brise und die dunkelbronzefarbenen Blätter erinnern an trockene, exotische Länder.
Kostenlos zu neuen Pflanzen: Jungpflanzen aus Selbstaussaat umpflanzen, S. 112.

Riesen-Federgras *(Stipa gigantea)*
Ein Gras mit großartiger Wirkung: Über einem dichten Schopf aus grünen Blättern scheinen 2 m hohe Blütenstiele zu schweben. Dieses Gras gehört als Solitär mitten ins Beet, wo die luftigen, goldgelben Blütenstände gut sichtbar sind.
Kostenlos zu neuen Pflanzen: Stauden teilen, S. 117.

Reitgras *(Calamagrostis x acutiflora* 'Karl Foerster')
Der schmale, aufrechte Wuchs bildet einen hübschen Kontrast zu den welligen, lockeren Präriepflanzen. Die braunen Blütenstängel sehen im Winter besonders gut aus. Am schönsten in Gruppen. Etablierte Pflanzen dürfen Sie nach drei Jahren teilen.
Kostenlos zu neuen Pflanzen: Stauden teilen, S. 117.

Bach-Kratzdistel *(Cirsium rivulare* 'Atropurpureum')
Eine über 1 m hohe, glamouröse Pflanze mit blutroten Blütenköpfchen über dunkelgrünen, tief eingeschnittenen Blättern.
Kostenlos zu neuen Pflanzen: Stauden teilen, S. 117.

Kugel-Distel *(Echinops ritro* 'Veitch's Blue')
Die blauen, stacheligen, kugelförmigen Blütenstände dieser bis zu 1 m hohen Distel zieren das Beet von Hoch- bis Spätsommer. Die Pflanze zeichnet sich durch einen starren, markanten Wuchs aus, der im reizvollen Kontrast zu den welligen Gräsern steht.
Kostenlos zu neuen Pflanzen: Wurzelschnittlinge machen/Stauden teilen S. 114/117.

Königskerze *(Verbascum bombyciferum)*
Die silbrige Staude mit den filzig weichen Blättern bildet Blütenstängel von über 2 m Höhe. Wenn die gelben Blüten verwelkt sind, wirken die mächtigen Stängel wie überdimensionale Kandelaber. Die zweijährige Pflanze bildet im ersten Jahr nur Blätter, im zweiten Blüten, dann stirbt sie. Glücklicherweise sät sie sich von

selbst wieder aus – mit zwei Exemplaren in zwei aufeinanderfolgenden Jahren ist ihr Verbleib im Garten gesichert.

Links Die breiten, köstlichen Blütendolden von *Ammi majus* sind verbindende Elemente zwischen anderen Pflanzen.
Oben Die hohen *Verbascum bombyciferum* sind Blickfänge im sonnigen Beet.

Elfenbeindistel *(Eryngium giganteum)*

Das geisterhafte Skelett aus silbernen Stängeln und gesägten Blättern sowie außerordentlich stachlige Blütenköpfe erinnern mehr an eine Rüstung als an Pflanzen. Elfenbeindisteln gedeihen an sonnigen, trockenen Standorten.

Kostenlos zu neuen Pflanzen: Wurzelschnittlinge machen, S. 114.

Prachtfetthenne *(Sedum spectabile)*

Die fleischigen, graugrünen Triebe und Blätter bilden ein dichtes Polster – ein ruhender Pol zwischen luftigeren Arten. Schmetterlinge lieben die rosa Blüten, die im Spätsommer erscheinen. Fetthennen sorgen auch im Winter für Form und Struktur im Beet.

Kostenlos zu neuen Pflanzen: Stauden teilen, S. 117.

Oben Die leuchtend rosa Blüten von *Sedum spectabile* sorgen im Herbst für Farbe, während die Fruchtstände winterliche Hingucker sind.
Rechts Die zierlichen Blütenstängel des Riesen-Federgrases *(Stipa gigantea).*

Steppen-Salbei *(Salvia nemorosa* 'Caradonna')

Die purpurnen Blütenstände stehen wie Ausrufezeichen über einem dichten grünen Blattpolster mit aromatischem Salbeiduft. Da dieser Salbei am besten als Band zur Geltung kommt, welches sich durch das Beet zieht, kommt bei einem Pflanzabstand von 30 cm eine schöne Summe zusammen. Beginnen Sie mit wenigen Exemplaren und vermehren Sie den Bestand durch Teilung oder Stecklinge, sobald sich die Pflanzen etabliert haben.

Kostenlos zu neuen Pflanzen: Stauden teilen, S. 116/117.

Walzen-Wolfsmilch *(Euphorbia myrsinites)*

Die Trockenheit liebende Pflanze erinnert an Dinosaurierschwänze. Sie sieht am schönsten in Dreiergruppen am Beetrand aus, wo sich die Triebe ausbreiten dürfen. Die Blüten sind unauffälliger als die außergewöhnlichen Blätter, die sich wie dreieckige Schuppen an den Trieben drängen.

Kostenlos zu neuen Pflanzen: Jungpflanzen aus Selbstaussaat umpflanzen, S. 112.

Einen Kiesweg anlegen

Die mäandrierenden Kieswege, die den Charakter eines Prärie-
gartens prägen, lassen sich relativ einfach anlegen. Markieren Sie
mit Sprühfarbe den Wegverlauf und koffern Sie den Weg ca.
10 cm tief aus; verteilen Sie die ausgehobene Erde auf den Beeten. Wenn es Sie nicht stört, dass der Kies in die Beete wandert,
brauchen Sie keine feste Kante. Andererseits garantiert eine biegsame Stahlkante einen sauberen Abschluss. Sie ist leicht anzu-
bringen und den etwas höheren Preis wert. Drücken Sie die Erde
mit dem Rücken eines Rechens fest. Verteilen Sie auf weichen
Böden eine Schotterschicht als Unterlage; mit einer Unkrautfolie
darunter halten Sie Unkräuter fern. Verteilen Sie den Kies und
rechen ihn glatt.

Clever gärtnern

Federgras, Reitgras und andere Ziergräser
behalten auch im Winter ihre braun-goldenen
Samenstände. Schneiden Sie im zeitigen
Frühjahr alte Blütenstängel und braune Blätter
ab, damit das neue Grün austreiben kann. Die
Samenstände sehen im Winter nicht nur
attraktiv aus – vor allem im Gegenlicht oder im
Raureif –, sondern sind auch eine gute Futter-
quelle für Samen fressende Vögel.

Nutzpflanzen für kleines Geld

Nutzpflanzen zu kultivieren, dürfte die wohl beste Form von Gartenarbeit sein – sie ist wunderbar befriedigend und die Früchte der Arbeit schmecken köstlich. Allerdings spart die Ernte aus dem eigenen Garten nicht automatisch auch Geld. Obstgehölze, Gemüsepflanzen und Samen haben ihren Preis, gar nicht zu reden von Hochbeeten, Pflanzerde und Dünger. Manche Obst- und Gemüsesorten sind im Laden so billig, dass der Aufwand eine falsch verstandene Sparsamkeit wäre. Was nützt die ganze Arbeit, wenn Sie letztlich nur ein paar winzige Auberginen und eine grüne Paprika ernten?

Dennoch lohnt sich ein Nutzgarten, denn die richtigen Pflanzen und einige einfache Regeln garantieren Bioprodukte von hoher Qualität, die im Laden wirklich teuer sind. Außerdem ist ihre Ernte süßer, knackiger, reifer und aromatischer als alle Ladenware – und das ist die Mühe doch wert!

Drei Wege, um mit Obst und Gemüse Geld zu sparen

1. Produkte, die den Anbau lohnen
Salat? Ja. Auberginen? Verschwenden Sie nicht Ihre Zeit. Weitere Informationen auf S. 88–97, *Diese Pflanzen lohnen die Mühe*.

2. Vorgezogene Pflanzen kaufen
Falls Ihnen die Anzucht aus Samen zu mühsam ist oder Ihnen der Platz dafür fehlt, suchen Sie bei Gärtnereien oder im Internet nach vorgezogenen Jungpflanzen (z. B. im Jiffy® Erdpresstopf). Manchmal gewähren Anbieter Mengenrabatte – Sammelbestellung mit Freunden.

3. Werfen Sie kein Geld für teuren Schnickschnack heraus
Brauchen Sie wirklich Stangenzelte, Bögen und anderen Kram aus Metall? Basteln Sie alles aus Weiden-, Hasel- oder Bambusstäben selbst. Viele Obst- und Gemüsesorten wachsen gut im Topf. Lassen Sie teure Töpfe links liegen und upcyceln Sie preiswerte und fröhliche alte Gefäße. Und brauchen Sie wirklich Hochbeete?

Bevor Sie loslegen:
Hochbeet oder ebenendig?

Seit einigen Jahren scheint alle Welt davon überzeugt zu sein, dass Gemüse ins Hochbeet gehört. Also verbringen zahlreiche Gärtner ihre Wochenenden damit, Bretter zu besorgen und Eckpfosten einzugraben. Dabei wäre das gar nicht nötig. Nur auf besonders schweren Böden, wo Staunässe entsteht und sich die Pflanzen nicht wohlfühlen, sind Hochbeete die ideale Lösung. Machen Sie einen einfachen Test: Graben Sie ein 30 cm tiefes Loch und gießen Sie einen Eimer Wasser hinein. Wenn das Wasser versickert ist, gießen Sie einen zweiten Eimer hinterher. Sollte auch dieses Wasser binnen 24 Stunden versickern, ist Ihr Boden gut dräniert – Sie können direkt in die Erde pflanzen. Bleibt das Wasser aber im Loch stehen, wäre ein Hochbeet ratsam. Ab S. 132 finden Sie hilfreiche Tipps zum Bau eines Hochbeetes.

Clever gärtnern

Seien Sie kein Snob: Super- und Baumärkte sind wahre Fundgruben für Beerensträucher. Dort werden häufig Himbeeren, Brombeeren, Wein, Stachelbeeren und alle möglichen anderen Obststräucher als Sonderangebote verramscht.
Sie müssen die Sträucher nur sehr genau untersuchen, denn das Kunstlicht dort ist nicht ideal. Fragen Sie einen Angestellten, wann die nächste Lieferung kommt und schnappen Sie sich als erster die besten Exemplare.

Diese Pflanzen lohnen die Mühe!

Wenn Sie mit kleinem Budget operieren, ist die Pflanzenauswahl besonders wichtig. Diese 30 Arten machen Spaß, sehen gut aus und verschwenden weder Ihre Zeit noch Geld. Kultivieren Sie die Samen in Töpfen aus Zeitungspapier (siehe S. 122) und sammeln Sie für die Aussaat im nächsten Jahr ein paar Samen (siehe S. 110), statt neue zu kaufen.

Zehn Pflanzen „ganz nach Bedarf"

Wer kennt das nicht: Irgendwann liegen im Gemüsefach des Kühlschranks drei Wochen alte zermatschte Kräuter, Salat oder die undefinierbaren Reste einer Gurke – nicht verbraucht und vergessen. Es macht einfach keinen Sinn, ein ganzes Paket zu kaufen, wenn man nur ein paar Bissen braucht. Wachsen die Pflanzen jedoch im eigenen Garten, wird nur die benötigte Menge geerntet; nahezu nichts wird verschwendet.

1. Küchenkräuter

In diese umfangreiche Gruppe gehören sowohl große, verholzte Sträucher wie Rosmarin, aber auch zarte Gewächse wie Thai-Basilikum. Thymian, Estragon, Schnittlauch, Petersilie, Oregano, Minze … die Liste ist lang und alle lohnen sich. Die meisten Küchenkräuter bilden attraktive Blüten, die Insekten anlocken. Da sie sich außerdem leicht vermehren lassen, fallen Nachfolgekosten weg. Viele etablierte Gewürzstauden sind langlebig, vor allem da man nur hier und da einen Zweig abschneidet, also langfristig eine gute Investition. Sparen Sie sich den Gang zum Supermarkt, wenn in der Zutatenliste eines Rezepts ein Esslöffel gehackter Salbei steht. Ernten Sie frische Kräuter nach Bedarf und nutzen Sie Überschüsse zum Beispiel für Kräutertees aus getrockneter Zitronenverbene oder für Apfelgelee mit Minze.

2. Chili

Eine einzige Chilipflanze bildet bis zu 50 Früchte, von denen selten mehr als zwei gebraucht werden. Pflücken Sie im Sommer frische Schoten und erfahren Sie am eigenen Gaumen, wie sich die Schärfe von grünen zu feuerroten Schoten intensiviert. Vor allem gibt es eine verwirrende Menge an Sorten, von Jalapeños bis zum thailändischen Bird's Eye Chili – das Angebot ist deutlich größer als im Laden. Chili wird in der Frühlingsmitte im Zimmer gesät und kommt im Frühsommer in bis 30 cm breiten Töpfen ins Freiland.

3. Knoblauch

Knoblauch aus dem Garten ist ein gutes Geschäft: Eine Knoblauchknolle besteht aus etwa zehn Zehen; aus jeder wächst eine neue Knolle mit wieder zehn Zehen. Aus eins mach' hundert – das ist eine Menge Pastasoße!

Knoblauchknollen aus dem Supermarkt sind deutlich billiger als Knollen aus der Gärtnerei oder von Spezialanbietern. Allerdings ist nicht jeder Supermarkt-Knoblauch auch für unser Klima geeignet und man erfährt nicht, um welche Sorte es sich handelt. Dennoch lohnt sich ein Versuch, gerade weil der Preis so gering ist. Das Schlimmste, was ihnen passieren kann, wäre eine Knolle mit zu kleinen Knoblauchzehen.

Stecken Sie die Knoblauchzehen im Herbst einzeln, in 20 cm Abständen, mit dem spitzen Ende nach oben in den Boden. Sobald sich die Blätter im nächsten Sommer braun färben, sind die Knollen erntereif und werden vorsichtig ausgegraben; an einem gut belüfteten Platz für drei Wochen trocknen lassen. Wenn die Häute und Blätter papierartig trocken sind, werden die Blätter locker miteinander verflochten und aufgehängt. Der Vorrat hält sich den Herbst und Winter über.

4. Gurken

Gurken aus dem eigenen Garten, die sehr jung geerntet werden, schmecken köstlich, knackig süß und erfrischend, völlig anders als die wässrigen Exemplare aus dem Supermarkt. Sie gedeihen im Topf und Kompostsack ebenso gut wie im Freiland, wo sie reichlich kompostreichen Boden brauchen. Eine Pflanze liefert etwa zehn Gurken.

5. Sauerampfer

Dieser köstliche Blattsalat mit Zitronenschärfe wird im Laden nur selten angeboten. Dies allein wäre bereits ein Grund ihn anzupflanzen, doch außerdem treibt er als Staude Jahr für Jahr wieder aus. Er kann bereits im zeitigen Frühjahr geerntet werden, wenn kaum andere Gemüse reif sind. Der Wiesensauerampfer passt perfekt zu Suppen, Omelettes oder in Fischsoßen. Am delikatesten ist der Römische Sauerampfer. Fragen Sie im Bekanntenkreis nach Sauerampfer und erbitten Sie sich ein Wurzelstück zum Einpflanzen.

6. Feldsalat

Der Feldsalat gehört mit Rucola, Brunnenkresse und Blattsalat zu den üblichen Zutaten fertiger Supermarkt-Salate. Sein mildes Aroma macht ihn zum idealen Partner für andere Sorten mit pfeffrig schmeckenden Blättern. Warten Sie mit der Ernte, bis die Pflanzen völlig ausgereift sind, dann hält eine Reihe lange vor – sogar den gesamten Winter über.

7. Rucola

Im Unterschied zur wilden Senfrauke schießt dieser unverzichtbare, pfeffrig schmeckende Salat schon nach wenigen Monaten. Dennoch lohnt sich die Kultur, da er besonders produktiv und im Supermarkt zudem recht teuer ist. Säen Sie ihn im Herbst oder zeitigen Frühjahr an Ort und Stelle aus – in einen großen Topf, Blumenkasten oder direkt ins Gemüsebeet – und achten Sie auf Flohkäfer. Wenn Sie Rucola alle drei Wochen neu säen, ist regelmäßiger Nachschub gesichert; Pflanzen mit Blütenansatz werden gejätet.

8. Blattsalate

Die Hälfte aller Fertigsalate aus dem Supermarkt landet auf dem Müll. Salat aus dem eigenen Garten spart Geld und beendet diese Verschwendung. Blattsalat kann das ganze Jahr über gesät werden, die Samen sind preiswert und die zahllosen Sorten von kraus bis glatt, purpurn bis grün lassen sich problemlos kultivie-

Gurkenpflanzen, die feucht und kühl stehen, faulen gerne an der Basis durch. Pflanzen Sie Gurken in einen „Kragen" aus einer Kunststoffflasche und gießen Sie nur außerhalb des Kragens, dann bleibt der Stängel trocken.

ren. Alles was Sie brauchen, ist Erde oder Kompost. Blattsalat wächst im Beet ebenso gut wie im Topf. Er braucht keine pralle Sonne, sondern zieht Halbschatten vor und muss nicht gedüngt werden. Leider bei Schnecken beliebt …

Selbst die Samen lassen sich einfach sammeln. Lassen Sie ein paar Pflanzen Samen ansetzen – möglichst keine früh schießenden Exemplare, denn diese Eigenschaft könnte vererbt werden. Schütteln Sie die Samen einige Wochen nach der Blüte in eine Papiertüte und wiederholen Sie die Prozedur täglich, bis Sie alle gesammelt haben; trocknen und wie üblich lagern.

9. Brunnenkresse

Der erfrischend pfeffrige Geschmack der Brunnenkresse peppt jeden Salat auf. Es ist sinnvoller, immer nur die benötigte Menge zu ernten, statt sie beutelweise im Supermarkt zu kaufen. Säen Sie Brunnenkresse in einen großen Topf mit Kompost, der in einer Wasserschale oder einem alten Pullover steht, damit das Substrat stets feucht bleibt.

10. Kartoffeln

Große Kartoffeln sind die Arbeitstiere der Küche: Sie werden gekocht, gestampft, frittiert und gebraten, doch um ehrlich zu sein, wirklich teuer sind sie nicht. Es macht aber keinen Spaß, Lebensmittel wegzuwerfen, und wer nicht supergenau organisiert ist oder für eine Großfamilie kocht, dessen Kartoffeln aus dem Supermarkt werden früher oder später grün und treiben in alle Richtungen aus. Das liegt daran, dass Kartoffeln vor dem Verpacken in Kunststoffsäcke, gewaschen werden. Ungewaschene Kartoffeln halten länger, weil sie oberflächlich trocken sind. Lagerkartoffeln aus dem eigenen Garten landen nicht auf dem Kompost.

Kaufen Sie für eine ordentliche Kartoffelernte zum Winterende oder Vorfrühling Saatkartoffeln einer gängigen Sorte. Sie werden mit dem stumpfen Ende nach oben – hier sitzen die meisten Augen – in alte Eierkartons gelegt und im Zimmer auf eine Fensterbank gestellt. Solche „vorgetriebenen" Kartoffeln, entwickeln sich später in der Erde deutlich besser. Wählen Sie für die Kultur im Kübel lieber eine Salatkartoffelsorte (siehe S. 93).

Setzen Sie die vorgetriebenen Kartoffeln in der Frühlingsmitte mit den Trieben nach oben mit 30 cm Abstand und 30 cm tief in Erde, der viel nahrhafter Kompost beigemischt wurde. Häufeln Sie die wachsenden Kartoffelpflanzen an (Erde mit Hacke oder Spaten an der Basis auftürmen); auf diese Weise werden die Kartoffeln nicht grün. Gießen Sie die Pflanzen im Sommer gründlich und düngen Sie alle paar Wochen.

Kartoffeln werden im Frühherbst geerntet. Schneiden Sie die grünen Pflanzen zwei Wochen vor der Ernte bis zum Boden ab; auf den Kompost damit. Das kräftigt die Schalen der Knollen und sie werden beim Ausgraben nicht so leicht beschädigt. Graben Sie die Knollen an einem sonnigen, trockenen Tag vorsichtig mit einer Grabgabel aus; einige Stunden trocknen lassen, dann kommen sie in einen Kartoffel- oder Papiersack. In einem frostfreien Schuppen bleiben sie dann monatelang frisch.

Rechts Kartoffelsorten wie 'Red Duke of York' ('Roter Erstling') halten sich bei richtiger Lagerung mehrere Monate lang.

Eine lebende Salatwand

Diese „Wand" garantiert eine großzügige Salaternte auf kleinstem Raum. Die Obststiegen aus Kunststoff bekommt man kostenlos beim Gemüsehändler, das Material zum Auskleiden kostet im Gartencenter nicht viel. Die Auskleidung ist notwendig: Sie ist wasserdurchlässig und verhindert, dass Substrat durch die Maschen fällt.

Sie brauchen
Unkrautfolie
4 Obststiegen aus Kunststoff
Tacker und Klammern
Torffreie Mehrzweck-Blumenerde
Perlit oder *Sphagnum*-Moos
Schere
1 bewurzelter Salat oder Keimpflänzchen (Blattsalat)
Kabelbinder
16 Stangen (müssen durch die Maschen der Stiegen passen); 8 etwas länger als die Stiegenlänge, 8 etwas länger als die Stiegenbreite

Wann?
Frühling bis Herbst

So wird's gemacht!
Schneiden Sie aus der Unkrautfolie vier Stücke zurecht, die Boden und Seiten der Obststiegen bedecken. Die untere Seite lang lassen; sie wird nach oben geklappt und bildet die Front der „Salatmauer". Tackern Sie die Folie am Boden und den Seiten gut fest.

Füllen Sie jede Obststiege mit einer Mischung aus Blumenerde und Perlit oder *Sphagnum* (1:1). Das Substrat muss alle Ecken ausfüllen, sonst sackt es in der senkrechten Wand nach unten. Klappen Sie die Lasche über das Substrat zurück (die spätere Front); an den Rändern festtackern. Schieben Sie nun zwei Stöcke in Längs-, zwei in Querrichtung durch die Maschen der Stiege – sie halten wie ein Gitter Substrat und Folie fest.

Jetzt werden die Obststiegen bepflanzt. Machen Sie mit der Schere pro Stiege, in gleichem Abstand, vier oder sechs kreuzförmige Einschnitte in die Folie. Ziehen Sie die Wurzeln der Salatpflanze vorsichtig auseinander, bis Sie einzelne Pflänzchen haben. Halten Sie die Pflanze dabei an den größten Blättern fest (nicht am Spross oder der Basis). Machen Sie mit den Fingern an jedem Einschnitt ein Loch ins Substrat und schieben Sie ein Pflänzchen hinein; mit Substrat andrücken. Bepflanzen Sie alle Löcher.

Stellen Sie die bepflanzten Obststiegen an einer sonnigen Stelle flach auf den Boden; gründlich gießen. Das Substrat muss während der nächsten drei bis vier Tage ständig feucht bleiben, da die Jungpflanzen sonst rasch austrocknen. Danach sollten die Salatpflanzen angewachsen sein.

Befestigen Sie die Obststiegen mit Kabelbindern (durch Maschen am Boden ziehen) an einem Geländer oder Rankgitter. Gießen Sie von oben; das Wasser sickert nach unten und versorgt alle Pflanzen. Ernten Sie nach Bedarf und ersetzen Sie verbrauchte Salate durch neue Pflanzen.

Zehn Produkte, die im Laden teuer sind

Für besonders frische und köstliche Exemplare dieser Produkte verlangen Bioläden hohe Preise. Warum kultivieren Sie diese Luxusprodukte nicht im eigenen Garten?

Sprechen Sie sich mit Freunden ab: Jeder kultiviert andere Tomatensorten und die Ernte wird geteilt.

1. Tomaten – Kirschtomaten oder alte Kultursorten

Kultivieren Sie rote, gelbe, orangefarbene, purpurne, grüne oder gestreifte Tomaten – im Angebot sind jede Menge Farben, Formen und Größen. Einige dieser seltenen Sorten bekommt man inzwischen auch im Supermarkt und, noch teurer, im Bioladen oder „am Strauch". Warum kultivieren Sie Ihre Tomaten nicht selbst? Stellen Sie sich vor, sonnenwarme Tomaten direkt vom Strauch zu essen, nicht aus dem Kühlschrank. Die Sortenauswahl ist groß und bietet jedem etwas, sei es die gelbe Kirschtomate 'Sungold', die purpurne 'Black Krim', Mini-Eiertomaten oder die klassische Soßentomate 'Costoluto Fiorentino'.

Tomatensamen zu sammeln, ist etwas komplizierter als bei anderen Pflanzen, lohnt bei guten Sorten aber die Mühe. Sammeln Sie keine Samen von F1-Hybriden. Es sind Kreuzungsprodukte, deren Samen nicht erbrein auskeimen, sodass sich die Tochterpflanzen von der Mutterpflanze unterscheiden. Auf den Samentütchen ist angegeben, ob es sich um eine F1-Sorte handelt. Schneiden Sie eine reife Tomate halb durch und schaben Sie die Samen zusammen mit dem Fruchtfleisch in ein Glas. Füllen Sie das Glas halbvoll mit Wasser, vorsichtig umrühren und drei Tage lang stehen lassen.

Schöpfen Sie den Schimmel ab und füllen Sie ein wenig neues Wasser ein. Drei Tage später sind alle lebensfähigen Samen zu Boden gesunken. Gießen Sie Wasser und Fruchtrückstände ab und lassen Sie die Samen einige Tage auf einem Teller trocknen; danach wie üblich lagern.

2. Himbeeren

Himbeeren sind ein Muss im Obstgarten. Ihre köstlich reife Weichheit ist leider der Grund, warum sie sich nicht lange halten. Wenn sie im Laden angeboten werden, sind sie entweder sauer oder am Boden der Schälchen bereits verschimmelt. Schlemmen Sie die Himbeeren frisch aus dem eigenen Garten und kochen Sie den Rest als Marmelade ein.

3. Zuckermais

Frisch geerntete Maiskolben – gekocht oder auf dem Grill – schmecken unvergleichlich köstlich. Da sie verzehrt werden, bevor sich der Zucker in Stärke verwandeln kann, ist frischer Mais nicht so klebrig wie aus dem Laden und schmeckt knackiger und süßer. Obwohl jede Pflanze nur zwei bis drei Kolben produziert, lohnt sich die Kultur. Am besten gedeiht Zuckermais im Boden, wächst aber auch im Kübel erstaunlich gut.

4. Salatkartoffeln sind in

Zurzeit sind Miniatur-Salatkartoffeln der große Renner in Supermärkten. Allerdings handelt es sich dabei um normale Salatkartoffeln, die ausgegraben werden, solange sie noch klein sind. Versuchen Sie es mit Frühkartoffeln, wie 'Rocket' oder andere Sorten, die bereits im Frühsommer erntereif sind. Einen Versuch sind auch Jersey Royals wert, die als 'International Kidney' angeboten werden und schon nach zwölf Wochen erntereif sind. Wirklich umwerfend sind die 'Pink Fir Apple'-Kartoffeln ('Rosa Tannenzäpfle'), deren feste, knubbelige, wachsige Knollen jeden Salat aufwerten. Noch exotischer? Dann probieren Sie blaue/purpurne Sorten. Die französische Sorte 'Vitelotte' schmeckt köstlich nach Esskastanie. Kleine Salatkartoffeln wachsen problemlos im Kübel. Sie werden geerntet, wenn sie noch klein sind – nach etwa acht Wochen.

Clever gärtnern

Wenn Sie einige Salatkartoffeln im Frühling in den Kühlschrank legen, können Sie zweimal ernten. Setzen Sie die „Kühlschrank-Kartoffeln" im Spätsommer, nach der Kartoffelernte, in den Boden. Um die Weihnachtszeit werden sie als köstliche Beilage zum Weihnachtsbraten geerntet.

Links Supermärkte und Bioläden verlangen für alte Kultursorten und Kirschtomaten hohe Preise – die Kultur im eigenen Garten senkt die Kosten.
Rechts Zuckermais, der sofort nach der Ente gegessen wird, schmeckt viel besser als Maiskolben aus dem Geschäft. Mais wächst auch im großen Kübel erstaunlich gut.

5. Artischocken

Selbst in einem kleinen Garten sollte sich ein Plätzchen für einige dieser majestätischen, silberblättrigen Pflanzen finden. Die köstlichen Blütenknospen gibt's als Bonus dazu. Rechnen Sie mit etwa zwölf Artischocken je ausgewachsener Pflanze. Frisch gepflückte Artischocken schmecken wesentlich süßer und köstlicher als gekaufte Köpfchen.

6. Pfirsiche

Pfirsiche und Aprikosen aus dem Supermarkt haben nur ein schwaches Aroma. Sie müssen lange vor der Vollreife gepflückt werden, sonst verderben diese kurzlebigen Früchte schon auf dem Transportweg. Pfirsiche aus dem eigenen Garten werden bei Vollreife gepflückt. Sie sind so reif, dass der Saft aufs T-Shirt tropft. Der Tellerpfirsich 'Saturn' ist besonders empfehlenswert; seine flachen Früchte haben süßes, weißes Fleisch; Kultur wie Aprikosen (siehe S. 94).

7. Feigen

Feigenbäume sehen wunderschön aus; ihre großen, aromatisch duftenden Blätter erinnern an staubige mediterrane Hügelland-schaften. Außerdem bilden sie ihre Früchte sogar in kühleren Re-gionen. Ein sicherer Kandidat für die meisten Mikroklimate im Garten ist die Sorte 'Brown Turkey'. An einem geschützten, war-men Standort gedeiht auch die Sorte 'Dauphine'. Feigen schme-cken am besten frisch vom Baum gepflückt.

8. Blaubeeren

Blaubeeren oder Heidelbeeren aus dem eigenen Garten sind fes-ter und aromatischer als die Beeren aus dem Laden, die aus wär-meren Klimaten stammen. Die Ernte reicht zwar nicht für volle Körbe, aber einige Beeren ab und zu sind nicht zu verachten. Weiche, modrige Beeren waren gestern: Pflanzen Sie einige Sträucher der Sorten 'Sunshine Blue' oder 'Bluecrop' in Kübel mit Heideerde (sie lieben sauren Boden). Verteilen Sie etwas getrock-neten Kaffeesatz auf dem Substrat – er düngt und sorgt für sau-ren Boden. Da ein Strauch locker zehn Jahre lang trägt, lohnt sich die Anschaffung absolut.

9. Aprikosen

Aprikosen aus dem Laden sind entweder matschig oder hart wie Tischtennisbälle; die eigene Ernte ist eine ganz andere Geschich-te. Pflanzen Sie einen Baum und erziehen ihn als Fächer vor einer sonnigen, geschützten Wand oder einem Zaun und Sie werden himmlisch schmeckende Früchte ernten. Da Aprikosenbäume im zeitigen Frühjahr blühen, wenn kaum Insekten unterwegs sind, müssen Sie beim Bestäuben nachhelfen: Übertragen Sie den Pol-len mit einem feinen Make-up- oder Malerpinsel von Blüte zu Blüte – der Aufwand zahlt sich definitiv aus. In der Baumschule zu Fächern erzogene Aprikosen sind teuer. Kaufen Sie lieber ein einjähriges Bäumchen und erziehen es selbst: Kappen Sie alle Triebe die nach vorn oder zur Unterlage wachsen und binden Sie die übrigen an schräge Bambusstäbe an. Schneiden Sie nur im Sommer, denn der Winterschnitt fördert Pilzkrankheiten. Apriko-sen wachsen auch im Topf.

10. Grüne Bohnen

Bevor die sorgfältig in Kunststofftüten abgepackten Bohnen im Einkaufswagen landen, haben sie einen weiten Weg hinter sich. Was nicht verbraucht wird, landet im Müll, was bei Bioprodukten ordentlich ins Geld geht. Reduzieren Sie Ihren Kohlenstoff-Fußab-druck und kultivieren Sie die Bohnen im Garten. Bohnen wachsen sowohl im Beet als auch in Gefäßen. Kletternde Sorten auf „Wig-wams", wie die gelbe Sorte 'Golden Gate', sehen toll aus, die grünen 'Cobra' sind besonders verlässlich. Zwergsorten müssen nicht gestützt werden, etwa die gelbe Buschbohne 'Rocquen-court' oder die blaue Sorte 'Purple Teepee'.

Praktische Grow Bags

Erdsäcke (Grow Bags) sind eine günstige Quelle für preiswertes Substrat für Obst- und Gemüsetöpfe. Ab dem Hochsommer, wenn die Hauptpflanzzeit für Tomaten vorbei ist, bieten Gartencenter solche Erdsäcke häufig zu reduzierten Preisen an. Suchen Sie gezielt nach Angeboten. Die Erde wird entweder in Töpfe verteilt, oder Sie schneiden die Säcke in der Mitte durch und gewinnen zwei aufrecht stehende Erdsäcke. Verkleiden Sie den unschönen Blick auf die Kunststoffsäcke mit Sackleinen oder einer Manschette aus Bambusstäben.

Zehn Riesen-Produzenten

Manche Pflanzen eignen sich besonders gut für die Gartenkultur. Schon wenige Exemplare liefen eine Obst- und Gemüseernte, die viele Teller füllt.

1. Sommerkürbis

Riesige Pflanzen mit üppiger Ernte. Neue Früchte wachsen schneller nach, als sie geerntet werden. Sie schmecken besser wenn sie klein geerntet (pfirsichgroß) werden. Der gelbe Patisson-Kürbis 'Sunbeam' trägt besonders reich; ein Hingucker ist der Zucchetta-Kürbis, der an Zäunen, Rankgittern etc. hochklettert; auf Mehltau achten (siehe S. 154). Kürbisse brauchen viel Dünger für Wachstum und Fruchtbildung.

2. Mangold

Ich würde um ein Glas Chutney wetten, dass in jedem Schrebergarten Mangold wächst. Dieses spinatartige Gemüse ist nicht ohne Grund so beliebt. Gedünstet schmeckt es hervorragend, hat wundervolle, farbige Blattstiele (zumindest die Sorte 'Bright Lights') und eine einzige Pflanze liefert genügend Blätter für eine Woche. Mangold kann ganzjährig geerntet werden (die Sorte 'White Silver' ist besonders robust) und wächst im Topf so gut wie im Beet. In jedem Gemüsegarten, sei er auch noch so klein, sollte mindestens ein Mangold wachsen. Die einzigen echten Feinde sind Minierfliegen (siehe S. 154).

3. Grünkohl

Wenn der Garten mitten im Winter traurig aussieht, ist Grünkohl ein Hoffnungsschimmer. Er ist nahrhaft, hübsch und liefert reiche Ernte. Dem Toskanischen Palmkohl 'Cavolo Nero' mit Blättern wie Kreppapier oder dem Sibirischen Staudenkohl 'Red Russian' mit seinen zerfransten Blättern scheint die Winterkälte nichts auszumachen – sie können sogar bei Schnee geerntet werden. Im Sommer gesäter Grünkohl liefert vom Herbst bis in den Frühling frische Blätter, dann erscheinen die Blütenstängel. Die Knospen schmecken zarter als Sprossbrokkoli.

Links Feigen am fächerförmigen Spalier vor einer sonnigen Mauer tragen besonders reich. Sie wachsen auch sehr gut im Topf, dürfen aber nicht austrocknen.
Rechts Wenn die Früchte regelmäßig geerntet werden, liefern Zucchini, wie die gestreifte Sorte 'Romanesco', den ganzen Sommer über Nachschub; Zucchini braucht viel Wasser und Dünger.

4. Zucchini

Die kriechenden Zucchini brauchen wie der Sommerkürbis viel Platz, kommen aber im großen Pflanzgefäß ganz gut zurecht. Probieren Sie die gelbe Sorte 'Soleil' oder die kugelrunde 'Eight Ball'. Zucchini 'Romanesco' bringt Streifen auf den Teller. Schon drei Pflanzen liefern genug Zucchinis für den ganzen Sommer – eine mehr und Sie brauchen viele Gläser für Chutney.

5. Topinambur

Die unterirdischen Knollen der Topinambur können monatelang in der Erde bleiben und werden je nach Bedarf ausgegraben – Abfall fällt nicht an. Die hohen Pflanzen ähneln Sonnenblumen und bilden wirkungsvolle Windschirme. Als Staude treibt Topinambur jedes Jahr aus dem Wurzelstock wieder aus. Vermutlich lässt sich daraus die beste Suppe aller Zeiten kochen.

6. Pflaumen und Renekloden

Wer einmal eine 'Königin Viktoria' gegessen hat, will nichts mehr von den harten Pflaumen aus dem Supermarkt wissen. Eine frisch gepflückte, vollreife Pflaume scheint vor Saft fast zu platzen – der wahre Geschmack des Hochsommers! 'Königin Viktoria' oder die grünlichen Renekloden (Edelpflaumen) tauchen fast nie im Geschäft auf. Kaufen Sie ein einjähriges Bäumchen und pflanzen es an einen sonnigen bis halbschattigen Standort. Nach etwa zwei Jahren dürfen Sie in die ersten Pflaumen beißen.

7. Stangenbohnen

Ein einziges Stangenzelt liefert genügend Bohnen, um die meisten Bohnenfans zufriedenzustellen, und die prächtigen Blüten machen jedem Ziergarten Ehre. Die Kultur ist ein Kinderspiel. Bohnen brauchen nur reichlich Wasser und alle 14 Tage Dünger. Die großen Samen werden einzeln gesät – halten Sie die Schnecken fern. Die Feuerbohne 'Scarlet Emperor' ist unschlagbar. Lassen Sie keine reifen Bohnen an der Pflanze hängen, damit stets neue Blüten gebildet werden.

8. Kai-lan

Kai-lan oder Chinesischer Brokkoli schmeckt wie eine Mischung aus Pak Choi und Brokkoli. Dieser Blattkohl ist ein Tausendsassa, dessen Sprosse, Blätter und Blüten essbar sind; er schmeckt am besten aus dem Wok oder gedämpft. Kai-lan ist eine Staude, die im Winter abstirbt und im nächsten Frühling wieder austreibt. Einmal gesät, liefert er mehrere Jahre lang eine gute Ernte.

9. Senfrauke

Der wild wachsende Vetter vom etwas milderen Rucola ist eine Staude. Sie wächst verlässlich im Beet oder Topf und liefert sogar im kältesten Winter köstlich würzige Blätter. Überprüfen Sie diese auf Flohkäfer (siehe S. 155).

10. Kapuzinerkresse

Die kriechende Kapuzinerkresse ist vor allem für ihre üppige Blüte bekannt. Die kletternden Sorten wachsen im Sommer zu großartigen lebenden Schirmen an hässlichen Mauern oder Zäunen heran, liefern aber auch eine tolle Ernte (siehe rechts). Als Staude treibt sie Jahr für Jahr neu aus, ist aber recht frostempfindlich.

Clever gärtnern

Die Blüten der Kapuzinerkresse haben einen köstlich pfefferigen Geschmack und sehen großartig im Salat aus. Die fein gehackten Blätter schmecken roh und die Knospen und Samenkapseln werden eingelegt: Etwa 24 Stunden in Salzlake ziehen lassen, auswaschen und in ein Glas füllen; geben Sie Estragon oder ein paar Lorbeerblätter dazu und füllen Sie Essig ein, bis sie bedeckt sind.

Einen Gemüsegarten anlegen

Standort

Ideal ist ein sonniger, offener, aber geschützter Standort. Legen Sie die Beete weder unter überhängenden Zweigen noch im vollen Schatten an. Sofern keine andere Möglichkeit besteht, wäre auch Halbschatten mit mindestens vier Stunden direkte Sonne pro Tag möglich. Da Gemüse regelmäßig gegossen werden muss, sollten die Beete nicht zu weit von einer Wasserquelle entfernt sein.

Ein Gemüsebeet anlegen

Wenn Sie sich für einen Standort entschieden haben, werden die Beete markiert. Die Beetfläche sollte so groß wie möglich, aber dennoch gut zugänglich sein. Planen Sie die Beetbreite so, dass alle Pflanzen leicht erreichbar sind: Bücken Sie sich und tun so, als wollten Sie etwas ernten – nicht strecken, bequem greifen. Diese Entfernung markiert die Beetmitte. Die Länge ist nicht so wichtig, aber es wäre lästig, dauernd um ein riesiges Beet herumzugehen.

Stechen Sie mit einem Spaten den Beetumriss ab und graben Sie die Fläche mit der Grabgabel um. Wenn das Beet auf einem Rasen entstehen soll, wird zunächst die Grasnarbe abgehoben (siehe S. 56). Für ein Hochbeet wird die Grasnarbe abgestochen, bleibt aber umgedreht als unterste Schicht des Beetes liegen. Graben Sie den Boden bis zur Tiefe der Grabgabel um; zerschlagen Sie größere Erdklumpen mit dem Gabelrücken. Dabei werden auch große Steine und Unkraut entfernt. Unkrautstauden, wie Ampfer, Brombeeren oder Brennnesseln gehören nicht auf den Kompost (sie würden sich nur vermehren), sondern in einen Müllsack. Alternativ werden sie zu flüssigen Gründünger verarbeitet (siehe S. 145). Sollte die Fläche zu groß sein für ein stressfreies Umgraben, decken Sie schwarze Kunststofffolie darüber; mit Steinen beschweren und mindestens ein halbes Jahr liegen lassen. Danach sind die Unkräuter abgestorben und das Umgraben geht leichter von der Hand. Schließlich besteht noch die Möglichkeit, das Unkraut mit Glyphosat chemisch auszurotten. Achtung: nur in absoluten Notfällen verwenden, da Glyphosat laut wissenschaftlicher Studien gesundheitlich bedenklich ist! Nach etwa drei Wochen ist das Unkraut gänzlich verschwunden. Für ein normalgroßes Beet ist und bleibt Handarbeit aber die Methode der Wahl.

Perfekte Wege

Wege zwischen den Beeten müssen wenigstens breit genug für eine Schubkarre sein und Graswege regelmäßig gemäht werden. Bei Hochbeeten, die der Mäher nicht ganz erreicht, werden die Kanten mit der Rasenschere geschnitten. Am wenigsten Arbeit machen Wege, die mit Unkrautfolie abgedeckt und mit Rindenmulch bestreut werden (beides aus dem Gartencenter). Graswege zwischen ebenen Beeten können mit dem Mäher bis über die Kanten gemäht werden. Versenken Sie als Begrenzung ein Metallband im Boden, damit das Gras nicht in die Beete wächst und die Wege ordentlich bleiben. Damit sparen Sie sich viele Stunden Jäten und das Abstechen der Kanten.

Hochbeete oder ebenerdig?

Im Hochbeet Gemüse zu kultivieren macht nur dann Sinn, wenn Sie auf einer festen Oberfläche (Terrasse) gärtnern wollen, der Boden besonders schwer (siehe unten) oder staunass ist – in allen anderen Fällen sind ebenerdige Beete genauso gut. Immerhin wirken Hochbeete ordentlicher und sind weniger unkrautanfällig. Sie können Hochbeete entweder selbst bauen (siehe S. 131) oder fertig kaufen – manche Angebote sind wirklich günstig. Allerdings muss auch ein „fertiges" Hochbeet zusammengebaut, der Standort umgegraben und Erde eingefüllt werden.

Bodenvorbereitung

Da Gemüse dem Boden sehr viele Nährstoffe entzieht, braucht er regelmäßig Nachschub. Auch natürlicherweise fruchtbare Böden profitieren davon, wenn Sie reichlich Gartenkompost, gut verrotteten Stallmist oder Pilzkompost einarbeiten. Das organische Material liefert Nährstoffe, macht den Boden „griffiger" und verbessert die Dränage. Spätestens jetzt sollten Sie einen eigenen Kompost anlegen (siehe S. 139). Stellen Sie Ihren Bodentyp fest (Test auf S. 9) und arbeiten Sie organisches Material ein. Ton-, Kalk- oder Sandböden brauchen eine mindestens 10 cm dicke Schicht, bei Lehmboden reichen schon 5 cm. Arbeiten Sie nach jeder Ernte frischen Kompost ein.

Welche Produkte wohin?

Die besten Ernten liefern Beete mit Fruchtwechsel; außerdem sinkt das Krankheitsrisiko. Es gibt vier Gruppen von Gemüsen, die jeweils andere Ansprüche an den Boden stellen: Legumino-

sen (Hülsenfrüchte), Wurzel- und Zwiebelgemüse, Kohl und Nachtschattengewächse.

Leguminosen – Erbsen, Bohnen

Wurzel- und Zwiebelgemüse – Möhren, Rote Bete, Knoblauch, Porree, Pastinaken, Zwiebeln und Schalotten

Kohl – Brokkoli, Grünkohl

Nachtschattengewächse – Kartoffeln, Tomaten, Paprika

Wenn die Pflanzen einer Gruppe mehrere Jahre lang am selben Standort wachsen, verarmt der Boden zusehends an Nährstoffen und Krankheiten könnten sich ausbreiten. Ein Fruchtwechsel im Vierjahreszyklus geht optimal mit den Bodennährstoffen um.

1. Jahr – Leguminosen
2. Jahr – Wurzel- und Zwiebelgemüse
3. Jahr – Kohl
4. Jahr – Nachtschattengewächse

Spargel, Kräuter und andere Stauden brauchen einen separaten Standort, während Salate, Zucchini, Kürbis oder Gurken in passende Lücken gepflanzt werden können.

Halten Sie den Fruchtwechsel auch ein, wenn Sie nur ein Beet haben; nutzen Sie im Vierjahreszyklus jeweils einen anderen Bereich des Beetes.

Drei Schritte zum Erfolg

Jetzt können Sie mit dem Pflanzen beginnen. Vor allem bei begrenztem Platz garantieren die folgenden drei Tricks die erfolgreiche Gemüsekultur.

1. Kultivieren Sie nur Sorten, die die Mühe lohnen (Ideen ab S. 84; *Nutzpflanzen für kleines Geld*).

2. Kontrollieren Sie häufig ein bisschen. Nur dann erkennen Sie rechtzeitig, wann Sie jäten oder Pflanzen stützen müssen. Oder erste Anzeichen von Mehltau. Natürlich sehen Sie sofort, dass die Erdbeeren vollreif sind. Wer bei ersten Anzeichen sofort reagiert, hat viel weniger Arbeit. Kurzes, regelmäßiges Hacken lässt Unkräutern keine Chance sich auszubreiten. Schon fünf Minuten tägliche Kontrolle erspart Ihnen stundenlange (Nach-)Arbeit im Gemüsebeet.

3. Vorausschauend planen. Sorgen Sie rechtzeitig für eine Folgefrucht, um die Lücke sofort zu füllen, wenn eine Sorte erntereif ist. Sichern Sie kontinuierlichen Nachschub für das Beet aus Saaten in kleinen Töpfen auf der Fensterbank (ab dem Vorfrühling) oder draußen (von Frühling bis Herbst). Im Frühling und Sommer sind volle Beete kein Problem, aber vergessen Sie nicht den Winter – auch dann wächst Gemüse.

Ohne diese fünf geht's nicht im Sommer!

Tomaten

Grüne Bohnen

Kartoffeln

Möhren

Erbsen

Ohne diese fünf geht's nicht im Winter!

Knoblauch

Schalotten

Zwiebeln

Porree

Wintersalate

Ein Topf, zehn Sorten –
Gemüse für das ganze Jahr

Nicht in jedem Garten ist Platz für ein Gemüsebeet – Pflanzgefäße sind die Lösung. Topfpflanzen sind erstaunlich produktiv, wir schöpfen ihr Potential nur nicht immer voll aus. Ein einziger, relativ großer Topf liefert zehn Gemüsesorten im Jahr, solange die Pflanzen aufeinander abgestimmt sind und die Kultur gut geplant wird. Die folgenden Gemüse sind in drei Wachstumsphasen eingeteilt, sodass Sie selbst auf einem winzigen Balkon mit einer reichen, ganzjährigen Gemüseernte rechnen dürfen.

Sie brauchen

1 großer Topf – ideal ist ein Tubtrug®
 oder jeder andere Kunststofftopf
 mit 45 cm Durchmesser (siehe S. 45
 für ein attraktiveres Aussehen;
 Billige Kunststofftöpfe – gut verhüllt)
Bohrmaschine und Bohrer, falls der
 Topf keine Dränagelöcher hat
Torffreie Mehrzweck-Blumenerde
Stangenzelt aus Bambus oder
 biegsamen Weidenruten
 (siehe S. 128; *Ein einfacher Weiden-
 Wigwam*)

So wird's gemacht!

Falls nötig, bohren Sie ein paar Löcher in den Topfboden, füllen Sie das Substrat ein und stecken Sie die Stäbe hinein. Bepflanzen Sie den Topf je nach Jahreszeit.

Rechts Im Hochsommer teilen sich Kirschtomaten, grüner und purpurner Salat und Gurken den Topf.

Spätfrühling bis Frühsommer

Sie brauchen

3 Tomatenpflanzen (Stabtomaten, wie die Sorten 'Sungold' oder 'Gardener's Delight')
2 Gurkenpflanzen, wie 'Perfection' oder 'Rocky'
Bis zu 8 Blattsalatpflanzen

So wird's gemacht!

Pflanzen Sie die Tomaten und Gurken in gleichen Abständen neben den Stäben ein; festbinden. Füllen Sie die Lücken mit Salat auf; gründlich gießen. Nach dem Fruchtansatz werden Tomaten und Gurken alle 14 Tage gedüngt (siehe S. 145). Stellen Sie den Topf an eine sonnige Stelle und binden Sie die Kletterpflanzen immer wieder fest. Prüfen Sie die Gurkenblätter auf Mehltau (siehe S. 145) und knipsen Sie regelmäßig die Seitentriebe der Tomaten ab, damit sie mehr Früchte bilden. Wenn die Pflanzen im Spätsommer abgeerntet sind, werden sie durch neue ersetzt.

Spätsommer bis Frühherbst

Sie brauchen

3 Kohlpflanzen wie 'Cavolo Nero' oder 'Red Russian' (entweder als Jungpflanze oder rechtzeitig im Hochsommer in kleine Töpfe gesät)
4 Mangold wie 'Bright Lights' (Kultur wie Kohl)
Dicke Bohnen für die Aussaat im Herbst wie 'Aquadulce Claudia'
5 früh reifende Knoblauchzehen wie 'Early Purple Wight'

So wird's gemacht!

Jäten Sie das Sommergemüse (siehe oben) und schaben Sie die obersten 5 cm Substrat ab; mit frischem Substrat auffüllen. Drücken Sie an jedem Stab zwei Bohnensamen ins Substrat; der Kohl kommt in die Mitte, der Mangold an den Rand. Drücken Sie die Knoblauchzwiebeln 1 cm tief in den Boden (spitzes Ende nach oben); gründlich gießen.

Mangold und Kohl können schon im Herbst und Winter geerntet werden, die reichste Ernte bringt aber erst der Frühling. Dann haben auch die dicken Bohnen Hülsen angesetzt. Knipsen Sie im Frühling die obersten 5 cm der Bohnensprosse ab – das hält Blattläuse ab und die Spitzen schmecken gedünstet sehr gut.

Anfang bis Mitte Frühling

Sie brauchen

Rucola (Samen)
Frühlingszwiebeln (Samen)
Radieschen (Samen)

So wird's gemacht!

In der Frühlingsmitte dürften Kohl und Mangold abgeerntet sein. Säen Sie Radieschen, Rucola und Frühlingszwiebeln in die Lücken: Streuen Sie den Samen auf die Oberfläche und rauen Sie das Substrat auf, bis die Samen bedeckt sind. Diese Sorten wachsen schnell; sie werden nach zwei Monaten geerntet und machen Platz für die Sommerbepflanzung.

Knoblauch ist ab dem Spätfrühling erntereif. Die frühen Sorten – „Softneck" oder „Hardneck" – brauchen nicht aufgehängt und getrocknet werden, sondern sind sofort essbar. Lassen Sie die dicken Bohnen noch bis zur Erntereife im Hochsommer stehen.

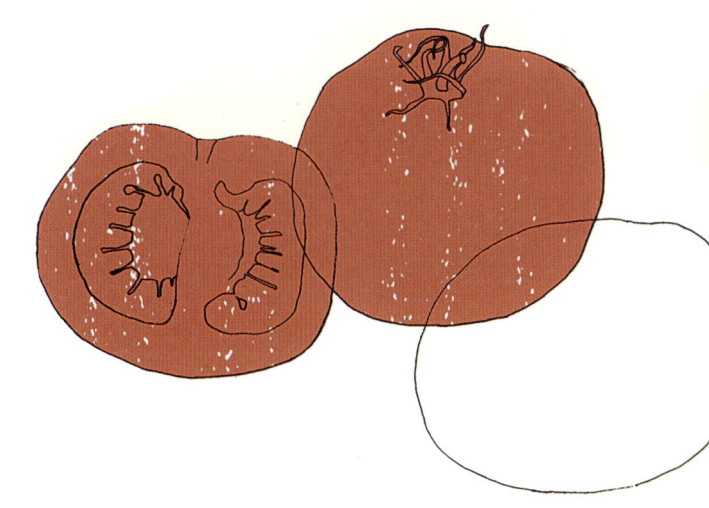

Einen Kräutergarten anlegen

Standort

Wählen Sie einen sonnigen, offenen Standort, den die meisten Kräuter lieben. Außerdem brauchen sie durchlässige Böden, während sie feuchte, verfestigte Böden gar nicht mögen. Die meisten Arten fühlen sich daher in Töpfen oder Hochbeeten am wohlsten, es sei denn, Ihr Garten hat einen leichten, durchlässigen Boden (Test auf S. 87). Die Anlage eines Hochbeetes wird auf S. 131 erklärt.

Gestaltung des Gartens

Legen Sie auf einem großen Grundstück einen attraktiven und leicht zugänglichen Kräutergarten an: Vier mindestens 20 cm hohe Hochbeete (1 × 2 m), die durch ein Wegekreuz getrennt werden. Machen Sie die Wege so breit, dass Sie sich hinknien und die Kräuter leicht pflücken können. Legen Sie je nach vorhandener Oberfläche Rindenmulch-, Kies-, Gras-, Ziegel- oder Natursteinwege an.

Boden vorbereiten

Wenn der Hochbeetrahmen fertig ist, wird der Gartenboden eine Grabgabel tief umgegraben (vorhandenen Rasen vorher abstechen; siehe S. 56). Füllen Sie die Beete zu etwa zwei Dritteln mit Komposterde für Topfpflanzen und füllen Sie das obere Drittel mit Hygromull® oder Perlit auf; alles gründlich durchmischen (wenn sich das Substrat setzt, sinkt die Oberfläche etwas ab). Der beigemischte Hygromull®/Perlit verhindert Staunässe und hält die Wurzeln der Kräuter trocken.

Welche Kräuter?

Eigentlich ganz einfach: was ihnen schmeckt. Es gibt mehrjährige Stauden, zweijährige Arten, die im zweiten Jahr blühen und Einjährige, die nur ein Jahr lang leben. Während Zweijährige und Stauden gerne viel Platz einnehmen, geben sich manche Einjährige bereits mit knappem Raum zufrieden.

Staude ist nicht gleich Staude: Einige Arten ziehen sich zurück und überleben den Winter unterirdisch, andere bleiben ganzjährig unverändert. Verteilen Sie die Kräuter so, dass im Winter möglichst wenig nackte Erde sichtbar ist. Minzen und einige andere Stauden sind echte Rowdys, die sich ziemlich aggressiv ausbreiten. Sie sollten in einem Topf wachsen, sonst verdrängen sie rasch andere Arten.

Kaufen oder besorgen?

Kräutersamen und -pflanzen sind nicht teuer. Sie sparen sogar noch Geld, wenn Sie die Einjährigen aus Samen kultivieren und Stauden als möglichst kleine Exemplare kaufen – sie wachsen schnell und sind bald so groß wie teure, größere Exemplare. Vielleicht können Sie bei Freunden auch Samen sammeln, Pflanzen teilen oder Stecklinge nehmen. Wie's geht, lesen Sie ab S. 110.

Rowdys

Pflanzen Sie invasive (durchdringend wuchernde) Kräuter wie Minze und Zitronenmelisse besser in Töpfe, oder im Kräuterbeet in versenkte Kunststofftöpfe ohne Boden.

Gestaltung mit Kräutern

Kräutergärten können genauso attraktiv aussehen wie Blumengärten. Achten Sie auf die Struktur der Beete; pflanzen Sie Arten, die ganzjährig ihre Form behalten. Aufrechter Rosmarin, Lavendel oder Lorbeer bilden dauerhaft zentrale Blickpunkte. Gestalten Sie die Beetränder mit Mini-Hecken aus Schnittlauch oder kompakten Thymiansorten und lassen Sie Oregano oder kriechenden Thymian über die Beetränder fließen.

Suchen Sie spektakuläre Blattfarben: purpurner Salbei, Basilikum, Shiso *(Perilla)* oder Fenchel; silberblättriger Thymian, Rosmarin, Strohblume oder Salbei; gelber Thymian und goldener Oregano; für frisches Grün sorgen Petersilie und Koriander. Außerdem haben einige Kräuter großartige Blüten, vom Blau des Rosmarins über weiße Oregano- und Thymianblüten bis zu den purpurnen „Kugeln" des Schnittlauchs. Das Orange der Ringelblumen bringt Farbe ins Beet – und in einen Salat.

Denken Sie auch an Wuchsformen als Stilmittel: Fenchel mit fadenförmigen Blättern oder die bis 2 m hohe Engelwurz setzen starke Akzente. Die meisten Kräuter sind gute Nachbarn, nur Fenchel und Dill dürfen nicht nebeneinanderstehen – die beiden können sich gegenseitig bestäuben. Auch verschiedene Minzesorten gehören nicht nebeneinander, da individueller Duft und charakteristisches Aroma dann leicht verloren gehen können.

Es ist nie falsch, zunächst einen Pflanzplan zu entwerfen. Zeichnen Sie die Kräuter aber nicht in ihrer Größe beim Kauf, sondern in ihrer Endgröße ein.

Kräuterstauden, die ganzjährig gut aussehen

– aus Jungpflanzen oder Stecklingen

Rosmarin

Lavendel

Thymian

Winterbohnenkraut

Salbei

Lorbeer

Oregano/Majoran

Zitronenstrauch (Winterschutz erforderlich)

Fenchel

(trockene Stängel sehen auch im Winter gut aus)

Strohblume

Kräuterstauden, die sich im Winter zurückziehen

– aus Jungpflanzen, Stecklingen, Teilung oder Samen

Minze

Estragon (Winterschutz erforderlich)

Schnittlauch

Sauerampfer

Zweijährige Kräuter

– jährlich neu säen

Petersilie

Engelwurz

Einjährige Kräuter

– Jährlich im Frühling in kleine Töpfe oder Topfplatten (Februar bis Ende März im Zimmer) oder Ende März bis Mai an Ort und Stelle säen

Basilikum

Koriander

(alle paar Wochen nachsäen für durchgehende Ernte)

Kerbel

Dill

Shiso (*Perilla*)

Neues wagen

Das Beste an einem eigenen Kräutergarten ist die Möglichkeit, mit ungewöhnlichen Arten zu experimentieren. Muss es wirklich immer „normales" Basilikum sein? Wie wär's mit anisartigem Thaibasilikum? Würzen Sie nicht mit üblicher, sondern mit Schokoladen-, Limonen- oder Schwarzer Minze. Wer Rosmarin und Thymian mag, sollte auch Winterbohnenkraut probieren.

Einpflanzen und Pflege

Schieben Sie die noch eingetopften Pflanzen auf dem Beet hin und her, bis Sie die optimale Anordnung gefunden haben. Graben Sie erst dann die Pflanzlöcher, jeweils etwas größer als der Topf. Klopfen Sie den Ballen heraus und lockern Sie vorsichtig die Wurzeln auf, damit sie besser einwachsen; genauso tief einpflanzen wie im Topf. Frisch eingepflanzte Exemplare gießen, danach nur noch, wenn die Erde oberflächlich sehr trocken ist. Schneiden Sie verholzende Arten wie Thymian, Lavendel oder Oregano nach der Blüte zurück, damit sie kompakt und vital bleiben. Regelmäßige Ernte fördert neues Blattwachstum.

Kräuterernte

Schneiden Sie die Kräuter bei der Ernte möglichst bis zu einer Knospe zurück, aus der ein neuer Trieb auswächst, aber nie bis ins alte (braune) Holz – das könnte die Pflanze schädigen. Ausnahmen sind Koriander und Schnittlauch, die bis zum Boden zurückgeschnitten werden. Während Schnittlauch wieder austreibt, muss Koriander regelmäßig nachgesät werden. Kräuter entwickeln ihr stärkstes Aroma kurz vor der Blüte.

Supermarkt-Basilikum – aus eins mach' fünf

Jeder kennt das: Man kauft im Supermarkt eine üppige Basilikumpflanze, stellt sie ans Küchenfenster und ärgert sich, wenn sie spätestens eine Woche später vergeht. In der Regel handelt es sich dabei nicht um eine, sondern um mehrere kleine Basilikumpflanzen, die in den Container gestopft wurden. Schon bald werden Platz und Nährstoffe knapp, und da jede Pflanze zum Licht strebt, bilden sie lange kahle Triebe ohne Seitensprosse. Früher oder später knicken sie um und geben den Geist auf, es sei denn, sie werden geteilt und zurückgeschnitten – Platz, Licht und Nährstoffe für alle.

Basilikum aus Samen zu ziehen, ist langwierig und schwierig. Kaufen Sie statt einer Samentüte einfach eine Pflanze aus dem Supermarkt und machen daraus innerhalb einer Minute fünf gesunde Pflanzen. Basilikum kann ganzjährig geteilt werden, sodass der Vorrat aus der Fensterbank nie abreißt.

Sie brauchen

5 kleine Kunststofftöpfe (etwa 9 cm Durchmesser)
Torffreie Mehrzweck-Blumenerde
1 Basilikumpflanze aus dem Supermarkt
Schere oder scharfes Messer

Wann?

Ganzjährig

Schnittlauch aus dem Supermarkt lässt sich noch leichter teilen. Zerteilen Sie den Wurzelballen wie beim Basilikum und pflanzen Sie jedes Teilstück mit 20 cm Abstand in den Garten.

So wird's gemacht!

Füllen Sie das Substrat in die Töpfe und schneiden Sie die Triebe des Basilikums bis auf ein Paar kräftige Seitenknospen zurück. Verwenden Sie die abgeschnittenen Blätter in der Küche.

Klopfen Sie die Pflanze aus dem Topf und teilen Sie den Ballen vorsichtig in fünf etwa gleich große Teile mit je drei bis vier Pflänzchen, ohne dabei Stängel und Blätter zu berühren. Pflanzen Sie jedes Teilstück in einen eigenen Topf; mit Substrat auffüllen und vorsichtig andrücken, bis die Pflanzen in derselben Tiefe wie im ursprünglichen Topf stehen.

Feuchte Blätter und Stängel – vor allem, wenn sie wie hier frisch abgeschnitten wurden – faulen leicht. Stellen Sie daher die Töpfe in Untersetzer, Untertassen oder andere, fingerbreit mit Wasser gefüllte Behälter, um sie von unten mit Wasser zu versorgen. Sobald sich die Jungpflanzen etabliert haben und neue Triebe bilden, sind die Blätter erntereif. Wenn die Wurzeln aus dem Topf auswachsen, wird Basilikum in einen größeren Topf umgetopft.

Außer im Hochsommer fühlen sich die Pflanzen im Zimmer auf einer sonnigen Fensterbank am wohlsten.

Einen Obstgarten anlegen

Obst im eigenen Garten zu kultivieren ist definitiv noch befriedigender als eigenes Gemüse. Viele Obstpflanzen sind mehrjährig und machen nach dem Einpflanzen kaum noch Arbeit. Dazu kommen die herrlichen Blüten, die Formen der Bäume und Sträucher und die Möglichkeit, das Obst jeweils zur Vollreife zu pflücken. Wieso haben nicht mehr Menschen einen Obstgarten?

Standort
Wie beim Gemüsegarten (siehe S. 98). Die meisten Früchte brauchen viel Sonne um auszureifen, während Rote Johannisbeeren, Kochäpfel, Sauerkirschen und Brombeeren etwas Schatten tolerieren. Eine warme, nach Süden gerichtete Wand wäre perfekt.

Bodenvorbereitung
Wie beim Gemüsegarten (siehe S. 98).

Gestaltung des Obstgartens
Obstgärten profitieren von einer gewissen formalen Strenge. Sie setzt die Form der Bäume und Sträucher besser in Szene und erleichtert die Ernte. In einem großen Garten wären drei Beete ideal: ein rechteckiges und zwei quadratische. Dazu kommen zwei lange Beete für die Obstbäume, eines davon vor einer nach Süden oder Westen zeigenden Mauer. Machen Sie die Wege breit genug, um Töpfe mit Blaubeeren und Zitrusfrüchten aufzustellen.

Pflanzplan für einen idealen Obstgarten
Quadratisches Beet 1: Erdbeeren
Quadratisches Beet 2: Rhabarber
Langes, rechteckiges Beet: Himbeeren
Beet an der Mauer: Rote Johannisbeere als Spalier, Aprikosen- und Feigenbäume an einer Mauer zum Fächer erzogen; darunter Stachelbeer- und Schwarze Johannisbeerbüsche
Sichtschutzbeet gegen den Rest des Gartens: Spalierapfel- und Birnenbäume (Baumschulen wissen, ob die Bestäubung innerhalb der Gruppen möglich ist)
Töpfe: Blaubeeren, Zitrusbäumchen (im Winter ins Haus nehmen)

Obstgehölze vor einer Mauer oder einem Zaun
Eine nach Süden oder Westen ausgerichtete Mauer ist perfekt für Obstgehölze. Davor wachsen Beerensträucher an horizontalen Drähten, aber auch Spalierobstbäume, die flach an der Wand erzogen werden. Das Obst profitiert von der Wärme der Mauer, die sich am Tag aufheizt. Pfirsiche, Kirschen, Feigen, Pflaumen und Aprikosen lassen sich zu Fächern erziehen, Äpfel und Birnen zu anderen Spalierformen. Spalierobst sieht nicht nur attraktiv aus, es ist auch auf kleiner Fläche sehr produktiv.

Spezialisierte Baumschulen bieten fertig zum Spalier erzogene Bäume an, wenn auch zu höheren Preisen als „normale" Bäume. Selbstverständlich können Sie auch einen einjährigen Baum kaufen und ihn über mehrere Jahre selbst in die gewünschte Form erziehen.

Himbeeren kultivieren
Während im Herbst fruchtende Sorten keine Stütze brauchen, sind im Sommer fruchtende Sorten auf Unterstützung angewiesen. Setzen Sie stabile Holzstäbe ans Ende der Reihe und spannen dazwischen verzinkte Drähte. Am einfachsten geht das mit Schraubhaken, die in die Pfähle geschraubt werden. Befestigen Sie den Draht am Haken; straff ziehen. Spannen Sie pro Reihe drei bis vier horizontale Drähte. Sollten sich die Stützpfähle unter dem Zug der Drähte neigen, reicht gewöhnlich ein Ziegelstein an der Basis als Stütze.

Früchte schützen
Leider sind Sie nicht der Einzige, der sich auf die reifen Früchte freut; Vögel und andere Tiere mögen sie ebenfalls. Passionierte Gärtner kultivieren ihre Obstgehölze daher „im Käfig" – Metallgitter mit einem Netz darüber halten die Mitesser fern. Solche Konstruktionen sind nicht teuer und halten sehr lange. Manche Obstgärten liegen sogar vollständig unter großen Käfigen. Wenn Sie sich nicht dazu durchringen können, hängen Sie alte CDs oder DVDs auf oder werfen Sie kleinere Netze über einzelne Sträucher oder Beete, bevor die Früchte reifen. Alte Strümpfe schützen wirkungsvoll einzelne Pfirsiche oder Aprikosen.

Obstgehölze kaufen
Die besten Angebote finden Sie in spezialisierten Baumschulen vor Ort oder im Internet. Allerdings bieten auch Supermärkte erstaunlich gute Beerensträucher („Aktionsware") an. Vielleicht besteht sogar die Möglichkeit, kostenlos zu Stecklingen oder geteilten Pflanzen zu kommen (rechts).

Erst fragen, dann kaufen: Kostenloses Obst

Kennen Sie jemanden, der Obst und Gemüse kultiviert? Fragen Sie nach, ob er Ihnen mit einer der folgenden Sorten aushilft – ganz ohne Kosten …

Rhabarber
Neue Pflanzen aus Teilung der Wurzeln.

Schwarze Johannisbeeren
Stängel im Winter bis zum Boden abschneiden und in einem Topf bewurzeln lassen.

Erdbeeren
Ausläufer an den Boden klemmen, um Ableger zu bekommen (siehe S. 115).

Himbeeren
Unerwünschte Triebe ausgraben und wieder einpflanzen.

Haben Sie nur minimal Platz?

Wenn Sie nur sehr wenig Platz haben, werden Sie die folgenden Sorten sicher nicht enttäuschen.

Erdbeere 'Mara de Bois'
Himbeere 'Malling Jewel'
Brombeere 'Oregon Thornless'
Schwarze Johannisbeere 'Ben Connan'
Rote Johannisbeere 'Jonkheer van Tets'
Heidelbeere 'Sunshine Blue'
Feige 'Dauphine'
Apfel 'Goldparmäne'
Birne 'Doyenné du Comice'
Pflaume 'Königin Viktoria'
Reneklode (Edelpflaume) 'Graf Althans'
Kirsche 'Schwarze Knorpelkirsche'
Quitte 'Vranja'
Pfirsich 'Avalon Pride'
Aprikose 'TomCot'®
Rhabarber 'Timperley Early'

Kostenlos
zu neuen
Pflanzen

Tatsächlich ist es echt einfach, neue Pflanzen heranzuziehen – es macht Spaß und kostet nichts. Die Pflanzen selbst sind dabei hilfreich, denn sie „wollen" sich vermehren. Sie verstreuen freigiebig ihre Samen, senden unterirdische Ausläufer aus oder bilden Tochterpflanzen. Sie haben nur ein biologisches Ziel: in der nächsten Generation weiterzuleben.

Damit kommen Pflanzen den Gärtnern entgegen, die sich ohne schlechtes Gewissen in den Gärten von Freunden mit Pflanzen, Stecklingen und Samen bedienen dürfen. Natürlich wäre es schlechter Stil, dabei die Mutterpflanzen zu töten, also sollte man einige Grundtechniken beherrschen. In der Tat ist die Vermehrung von Pflanzen recht einfach; Sie brauchen nur ein scharfes Messer und einen Kunststoffbeutel. Schon bald wachsen in Ihrem Garten die schönsten Blumen – jede mit einer anderen Geschichte, die an ihre Herkunft von freundlichen Verwandten und Freunden erinnert. Die erforderlichen Techniken sind leicht zu lernen. Legen Sie einfach los, es kann nur besser werden.

Sieben Wege zu kostenlosen Pflanzen

1. Samen sammeln und konservieren

Klappt gut bei:

Wicken, Kapuzinerkresse, Ringelblume, Stockrosen, Rittersporn, Prunkwinden, Schmuckkörbchen, Jungfer-im-Grünen, Sonnenhut, Sonnenblumen, Silberblatt, Ziertabak, Akelei, Kornblumen, Klatschmohn, Hasenohr, Strahldolde, Große Knorpelmöhre, Kornrade.

Warum jedes Jahr neue Samen kaufen, wenn Sie ihn von den eigenen Pflanzen oder bei Freunden sammeln können? Viele beliebte Gartenpflanzen lassen sich auf diese Weise kultivieren. Außerdem ist es befriedigend, Pflanzen auf ihrem Lebensweg zu begleiten – von den trockenen Fruchtständen, die in eine Tüte geklopft werden, bis zur Blüte im folgenden Sommer. Die einzige Ausnahme sind die sogenannten F1-Hybriden (steht auf der Samenpackung der Sorte oder lässt sich im Internet überprüfen): Die Samen dieser Kreuzungsprodukte keimen nicht erbrein und damit in unerwarteten Formen aus.

Rechts Schneiden Sie Frucht-/Samenstände ab, wenn sie trocken und papierartig sind, hier eine Kornblume.

Samen sammeln

Sie brauchen
Schere
Trockene Frucht-/Samenstände
Papiertüte oder -umschlag
Ein Tablett

Wann?
Spätsommer bis Spätherbst, wenn die Blüten braun und papierartig werden. Manche Arten bilden Kapseln, in denen die reifen Samen klappern.

So wird's gemacht!
Schneiden Sie Frucht-/Samenstände oder Kapseln mit der Schere direkt in eine Papiertüte oder in einem Umschlag ab. Lösen Sie im Zimmer die Samen heraus – schütteln, Köpfchen zwischen den Fingern reiben oder Kapseln ausleeren. Die Spreu aus trockenen Blütenblättern und Hüllen ist leichter als die Samen und wird vorsichtig weggepustet. Sie können auch alles aus den Fingern auf einen Teller rieseln lassen und vorsichtig darüber pusten. Die Samen werden erst getrocknet und gelagert, wenn die Spreu fast vollständig entfernt wurde.

Samen trocknen und lagern

Erst vollständig trockene Samen dürfen gelagert werden, andernfalls könnten sie keimen oder Feuchtigkeit aus der Luft aufnehmen und faulen. Zum Glück lassen sich Samen mit dem üblichen Küchenzubehör leicht trocknen.

Sie brauchen
Trockenen Reis
Backblech
Marmeladenglas mit Deckel
1 alte Strumpfhose
Gummiband
Kleiner Kunststoffbeutel
Klebeschild oder wasserfester Stift

Wann?
Spätsommer bis Herbstmitte

So wird's gemacht!
Streuen Sie den Reis auf das Backblech und backen ihn bei 160 °C für etwa 45 Minuten im Backofen, bis er knochentrocken ist. Schütten Sie den heißen Reis in das Marmeladenglas (halbvoll) und schrauben Sie den Deckel zu; abkühlen lassen. Schneiden Sie einen Fuß der Strumpfhose ab und füllen Sie die Samen ein; mit Gummiband verschließen und auf den Reis legen (Deckel schließen). Nach zwei Wochen hat der Reis den Samen jegliche Feuchtigkeit entzogen. Jetzt befinden sich die völlig trockenen Samen in Keimruhe, können weder keimen noch faulen.

Die getrockneten Samen werden in Kunststoffbeuteln aufgehoben, wo sie mehrere Jahre lang keimfähig bleiben. Beschriftung nicht vergessen und im Frühling wie üblich säen.

Ganz links Lassen Sie Samen und Spreu aus der Hand rieseln, um beides zu trennen.
Links Trocknen Sie den Samen über gebackenem Reis in einem Marmeladenglas (etwa zwei Wochen lang).

2. Jungpflanzen aus Selbstaussaat umpflanzen

Klappt gut bei:

Fingerhut, Frauenmantel, *Verbena bonariensis*, *Stipa tenuissima*, Oregano, Thymian.

Manchmal ist es gar nicht nötig, Samen zu sammeln, da die Natur die Arbeit übernimmt. Viele Pflanzen haben die nützliche Eigenschaft, sich selbst auszusäen und ihre Samen keimen bereitwillig. Sie können sie an Ort und Stelle wachsen lassen oder an eine passende Stelle umpflanzen. Die meisten Gärtner brauchen die zahlreichen Abkömmlinge nicht und jäten sie als Unkraut. Fragen Sie nach, ob Sie ein paar davon ausgraben dürfen.

Sie brauchen

1 Handschaufel
1 kleinen Kunststofftopf

Wann?

Frühling oder Herbst

So wird's gemacht!

Suchen Sie im Umfeld einer ausgewachsenen Pflanze nach Miniversionen der Elternart. Vergleichen Sie vor allem Form und Anordnung der Blätter. Graben Sie die Jungpflanze großzügig, möglichst mit allen Wurzeln aus; in einen Topf setzen und mit Erde auffüllen. Pflanzen Sie die neue Pflanze in Ihrem Garten wieder ein; gründlich gießen.

Oben Hauswurzpflanzen *(Sempervivum)* bilden regelmäßig neue Kindl. Zupfen Sie einen dieser Ableger ab und pflanzen Sie ihn in Blumenerde mit Hygromull® neu ein.

3. Ableger abnehmen

Klappt gut bei:
Hauswurz *(Sempervivum)*, Echeveria, *Dicksonia antartica*.

Sie brauchen
1 Topf
Hygromull®
Komposterde für Topfpflanzen
Ausgewachsene Pflanze, die Ableger bildet

Wann?
Frühling bis Herbst

So wird's gemacht!
Füllen Sie den Topf mit Hygromull® und Erde (1:1). Suchen Sie an der etablierten Mutterpflanze nach Mini-Versionen („Kindl"); vorsichtig mit den Wurzeln abzupfen. Pflanzen Sie den Ableger in einen neuen Topf. In einen Topf mit 20 cm Durchmesser passen bis zu acht Ableger von *Sempervivum* oder *Echeveria*; Oberfläche mit Hygromull® abdecken und gründlich gießen.

4. Wurzelschnittlinge machen

Klappt gut bei:

Türkischer Mohn, Kugeldistel, Akanthus, *Phlox*, Minze, Elfenbeindistel.

Sie brauchen

1 Grabgabel

1 scharfes Messer

Kunststofftöpfe für die Wurzelschnittlinge – 9 cm Töpfe sind ideal

Komposterde für Topfpflanzen

Hygromull®

Wann?

Herbstmitte bis Spätwinter

So wird's gemacht!

Schaben Sie die Erde um eine Pflanze weg, bis eine dicke, weiße Wurzel sichtbar wird. Sollte das nicht möglich sein, wird der gesamte Wurzelballen mit der Grabgabel aus der Erde gehebelt; auf die Seite legen und eine passende Wurzel aussuchen. Schneiden Sie mit dem Messer einige Wurzelabschnitte ab, aber nie mehr als ein Drittel des Wurzelsystems, sonst stirbt die Pflanze. Setzen Sie die Mutterpflanze wieder ein; gründlich wässern.

Wurzelschnittlinge von Türkischem Mohn, Kugel- und Elfenbeindistel und Akanthus (*Acanthus mollis* und *A. spinosa*) wachsen besser in der „richtigen" Position an: Schneiden Sie 5 cm lange Wurzelabschnitte – Sie brauchen dicke, weiße Stücke – oben gerade, unten schräg ab, damit nichts schiefgeht. „Oben" bedeutet in diesem Fall, zur Erdoberfläche gerichtet. Füllen Sie die Kunststofftöpfe mit Komposterde und setzen Sie die Wurzelstücke ein (schräges Ende nach unten), sodass sie völlig bedeckt sind. Schichten Sie 1 cm hoch Hygromull® auf die Oberfläche, um Fäulnis zu unterbinden.

Schneiden Sie von den dünneren Wurzeln von *Phlox* und Minze etwa 10 cm lange Stücke ab. Legen Sie die Abschnitte horizontal auf die Komposterde und schichten 1 cm Komposterde darüber.

Gründlich gießen und die Töpfe draußen an einen geschützten Ort stellen, beispielsweise dicht an die Hauswand, um Starkregen abzuhalten. Nach einigen Wochen sollten sich erste Blätter zeigen. In einem Gewächshaus oder Frühbeet können Wurzelschnittlinge sogar überwintern, zur Not auch an einer windstillen, geschützten Stelle. Im Frühling werden die Jungpflanzen in den Garten gepflanzt.

Oben, von links nach rechts Schneiden Sie die Minzewurzel mit einem scharfen Messer in Stücke. Legen Sie die Wurzeln horizontal auf die Erde; 1 cm hoch mit Erde abdecken. Aus jedem Abschnitt treibt schon bald ein neuer Spross.

5. Absenker

Kletterpflanzen gehören zu den teuersten Pflanzen im Gartencenter. Zu Glück sind die beiden beliebtesten Arten besonders leicht zu vermehren. Mit demselben einfachen Trick werden auch Erdbeeren vermehrt.

Klappt gut bei:
Geißblatt, Waldrebe, Erdbeeren.

Sie brauchen
1 ausgewachsene Geißblatt-, Waldreben- oder Erdbeer-
  pflanze
1 großen Kunststofftopf
Komposterde für Topfpflanzen
Schere
Pflanzschaufel

Wann?
Frühling bis Herbst

So wird's gemacht!
Suchen Sie an einer ausgewachsenen Pflanze nach langen, auf dem Boden kriechenden Trieben. Ziehen Sie vorsichtig daran, ob sie Wurzeln gebildet haben. Falls ja, suchen Sie nach Ableger-pflänzchen; von der Mutterpflanze abtrennen und zu Hause ein-pflanzen.

Sollten sich noch keine bewurzelten Ableger gebildet haben, hel-fen Sie nach: Lockern Sie die Erde um die Pflanze und legen Sie einen Trieb darauf; an einigen Stellen flach mit Gartenerde be-decken. Nach ein paar Wochen sollten die Abschnitte reichlich bewurzelt sein und können von der Mutterpflanze getrennt und eingepflanzt werden.

Rechts Erdbeerpflanzen können am Ende des Sommers mehrere „Babys" bilden. Drücken Sie die Ausläufer mit U-förmigen Drähten oder Gewichten fest, um die Wurzelbildung zu fördern.

6. Triebstecklinge

Klappt gut bei:

Pelargonien, Rosmarin, Lavendel, Thymian, *Salvia nemorosa* 'Caradonna', Dickblatt *(Aeonium)*.

Sie brauchen

1 ausgewachsene Pflanze
1 scharfes Messer und Schere
Kunststofftöpfe (ca. 7,5 cm Durchmesser)
Hygromull®
Komposterde für Topfpflanzen

Wann?

Entweder Anfang bis Mitte Frühling oder Spätsommer bis Frühherbst (Dickblatt im Winter)

So wird's gemacht!

Schneiden Sie mit Messer oder Schere einen nicht blühenden Trieb von der Pflanze ab. Führen Sie den Schnitt direkt unter einem Blatt entlang – der Steckling sollte etwa 10 cm lang sein. Entfernen Sie die unteren Blätter, sodass pro Steckling zwei bis drei Blätter übrig bleiben.

Füllen Sie die Töpfe (einer pro Steckling) mit einer Mischung aus Komposterde und Hygromull® (1:1). Stecken Sie den Trieb in ein Loch im Substrat; gründlich gießen. Lavendel und Rosmarin wachsen in feuchter Luft besser an: Ziehen Sie einen durchsichtigen Kunststoffbeutel über den Topf (mit Gummiband befestigen). Stellen Sie die Töpfe an einen geschützten Ort ohne direkte Sonne, ins Frühbeet, ans Haus oder in einen Schuppen.

Schneiden Sie vom Dickblatt eine Rosette mit 10 cm langem Stängel ab. Stecken Sie den Stängel ins Substrat, bis die Rosette auf dem Substrat aufliegt; mit Hygromull® abdecken. Nur einmal gießen und im Haus überwintern. Dickblatt kommt erst ins Freie, wenn keine Spätfröste mehr drohen.

Rechts Schneiden Sie bei Pelargonien mit einem scharfen, sauberen Messer einen nicht blühenden Trieb unterhalb eines Blattes ab.

7. Stauden teilen

Klappt gut bei:

Storchschnabel, *Liriope*, Kanadische Haselwurz, Zierlauch, Japan-Anemonen, Chinaschilf, Riesen-Federgras, Zierdistel, Kugeldistel, Fetthenne, *Salvia nemorosa* 'Caradonna', Wollziest, Astern, Funkien, Schnittlauch, Schwarzrohrbambus.

Sie brauchen

1 ausgewachsene Pflanze
Handgrabgabel oder Pflanzschaufel
Kunststofftöpfe

Wann?

Frühling oder Herbst

So wird's gemacht!

Suchen Sie am Rand etablierter Horste nach Jungpflanzen. Sie entstehen immer dann, wenn sich die Mutterpflanze ausdehnt und verraten sich durch ein gut definiertes, separates Zentrum. Hebeln Sie den Wurzelballen mit der Pflanzschaufel oder einer Grabgabel heraus und ziehen Sie die Tochterpflanze vorsichtig ab. Sie kommt in einen Topf; Wurzeln locker mit Gartenerde bedecken und zu Hause in den Garten pflanzen.

Das dichte Wurzelwerk der Funkien lässt sich besser mit einem scharfen Messer (alte Brotmesser sind ideal) trennen. Beim Schwarzrohrbambus wird der Wurzelballen ausgegraben und die äußeren Rhizome abgeschnitten. Teilen Sie die Rhizome in Abschnitte mit mindestens einem Sprossansatz; mit dem Rhizom dicht unter der Erdoberfläche wieder einpflanzen.

Sind keine definierten Jungpflanzen erkennbar, werden die Wurzelballen auf andere Weise geteilt: Graben Sie den Ballen größer Gräser vollständig aus; zwei Grabgabeln Rücken an Rücken hineinstechen und auseinanderhebeln. Beide Teile wieder einpflanzen.

Fetthennen (oben) und andere robuste Pflanzen vertragen das Ausgraben und Teilen gut. Achten Sie darauf, die Mutterpflanze sorgfältig wieder einzupflanzen und zu gießen.

Verschwenden Sie kein Geld für Werkzeuge & Zubehör

Gartenwerkzeuge und -zubehör sind ein Hobby für sich. Es gibt für jede noch so spezielle Gartenarbeit auch ein spezielles Gerät. Von riesigen Klauen, um Herbstlaub zu sammeln, bis zu perforierten Tüllen, um Kunststoffflaschen in Gießkannen zu verwandeln, irgendein Erfinder hat daran gedacht. Der Entwurf wurde in Kunststoff gegossen und ein Preisschild aufgeklebt. Es amüsiert, sich im Gartencenter über diese Ideenflut zu wundern, aber kaufen muss man diese Geräte wirklich nicht. Gerade bei Werkzeugen und Ausrüstung lässt sich viel Geld sparen, denn spätestens nach einem Jahr liegt das geniale Gerät im Schuppen und verstaubt.

Vergessen Sie den Rest: Ohne diese fünf geht's nicht!

1. Pflanzschaufel

Mit der Pflanzschaufel (Handschaufel) graben Sie Pflanzlöcher und jäten tief wurzelnde Unkräuter.

2. Astschere

Zum Schneiden von Zweigen und Verblühtem. Hier lohnt es sich nicht, an der Qualität zu sparen, denn eine gute Schere hält mindestens ein Jahrzehnt. Bypass-Scheren (zwei Klingen, die gegeneinander arbeiten) sind besser als Amboss-Scheren, die Stängel und Äste allzu leicht zerquetschen.

3. Gießkanne

Notwendig ist ein Modell mit abnehmbarer, feiner Brause, um Keimlinge zu gießen, ohne sie fortzuschwemmen.

4. Hacke

Die leichten, scharfen japanischen Gartenhacken (Swoe-Jätehacken) sind für die meisten Böden geeignet. Ihre schmalen Schneiden passen auch in kleine Lücken und schneiden das Unkraut an der Basis ab. Geräte mit langem Stiel schonen die Knie; kurzstielige Modelle eignen sich besser für Hochbeete und kleine Beete.

5. Grabgabel

Mit ihr werden der Boden gelockert und Pflanzen ausgehebelt. Wenn Sie sich entscheiden müssen, dann ziehen Sie die Grabgabel dem Spaten vor – Sie ist einfach handlicher.

> Viele Werkzeuge halten länger, wenn sie nach Gebrauch mit einem ölgetränkten Lappen abgewischt werden. Schärfen Sie die Kanten der Schneidewerkzeuge mit einem Wetzstein oder einem Schleifgerät. Werkzeuge dürfen nicht im Regen stehen.

Töpfe für Jungpflanzen selbst gemacht

Wer Blumen oder Gemüse aus Samen kultiviert, braucht eine Menge Kunststofftöpfe. Die sind zwar nicht besonders teuer und lassen sich mehrfach verwenden, müssen aber bis zur späteren Nutzung irgendwo gelagert und vor jedem Gebrauch gut gesäubert werden, damit sich weder Krankheiten noch Pilze ausbreiten.

Aus Zeitungspapier oder Pappe selbst gemachte Töpfe kosten nichts und brauchen nicht gesäubert zu werden. Sie sind so einfach herzustellen, dass nichts gegen den Eigenbau spricht. Wenn die Pflanze groß genug ist, kommt sie mit der Hülle in den Boden – Papier und Pappe verrotten – oder Sie wickeln den Wurzelballen vorher aus.

Achten Sie unbedingt darauf, Papier- und Papptöpfe von unten zu bewässern. Beim Gießen von oben könnten sich Schimmelpilze ausbreiten. Stellen Sie die Töpfe dicht an dicht auf ein wasserundurchlässiges Tablett oder Kuchenblech und gießen Sie das Wasser hinein – die Erde saugt es an.

Töpfe aus Zeitungspapier

Töpfe aus Zeitungspapier kosten fast nichts und sind einfach und schnell gemacht. Sie eignen sich sowohl für die Aussaat als auch zum Umtopfen von Jungpflanzen.

Sie brauchen

Zeitungen; das Format von Boulevardzeitschriften ist ideal
Flasche oder Dose; je nach gewünschtem Durchmesser des Topfes
Torffreie Mehrzweck-Blumenerde

Wann?

Frühling

So wird's gemacht!

Schlagen Sie die Zeitung auf und lösen Sie die Doppelseite aus der Mitte heraus. Entfernen Sie Seiten aus geklammerten Zeitungen vorsichtig, damit keine Löcher einreißen. Legen Sie die Doppelseite auf dem Tisch wieder zusammen; in der Länge knicken und mit den Fingern scharf falten.

Legen Sie das Papier schräg vor sich auf einen Tisch (mit dem Falz auf Sie zu). Legen Sie die Flasche oder Dose darauf. Ein Drittel des Streifens muss überstehen; es bildet später den Boden.

Drücken Sie das Papier fest an und rollen Sie die Flasche langsam ein, bis das Papier aufgebraucht ist. Drehen Sie die Flasche um und stopfen Sie das überstehende Papier als Boden auf den Flaschenboden. Geben Sie sich nicht zu viel Mühe; es kommt nur darauf an, das Papier zur Mitte zu drücken. Stoßen Sie den Flaschenboden mehrmals auf den Tisch, bis der Papierboden glatt ist. Ziehen Sie die Flasche vorsichtig heraus. Der Topf ist fertig und kann mit Komposterde gefüllt und der Samen wie üblich ausgestreut werden.

Oben und rechts Papiertöpfe werden von unten gegossen, sonst stehen die Pflanzenwurzeln zu feucht (siehe S. 155; *Umfallkrankheit*). Stellen Sie die Töpfe auf ein Tablett oder in eine Blechschale und gießen Sie Wasser einige Zentimeter hoch in den Untersetzer.

Anzeigenblätter oder Tauschbörsen im Internet sind eine gute Quelle für gebrauchtes Gartenzubehör. Dort wird alles Mögliche angeboten, von Schuppen über Gewächshäuser und Töpfen bis zu Werkzeugen. Suchen Sie nach Angeboten aus Ihrer Umgebung.

Töpfe aus Küchenrollen

Die Papprollen vom Küchenpapier lassen sich direkt zu praktischen Töpfen umfunktionieren. Sie eignen sich gut für Wicken, Bohnen und andere Arten, deren Wurzeln gerne ungestört bleiben; in die Rolle säen und darin auspflanzen.

Sie brauchen
Papprollen von Küchen- oder Toilettenpapier
Torffreie Mehrzweck-Blumenerde
Samen

Wann?
Frühling

So wird's gemacht!
Küchenpapierrollen werden in der Mitte durchgeschnitten und ergeben zwei Töpfe; bei Rollen von Toilettenpapier ist das nicht erforderlich. Schneiden oder reißen Sie das Ende der Rolle viermal 1 cm tief ein und falten Sie die Laschen als Boden nach innen, damit die Erde nicht herausfällt. Füllen Sie den Topf mit Erde und säen Sie wie üblich.

Kostenlose Pflanzenschildchen

Es ist sinnvoll, jeden Topf mit Samen zu beschriften: Welche Varietät haben Sie zu welcher Zeit gesät? Natürlich gibt es zu diesem Zweck Schildchen aus Kunststoff, Holz oder, sehr stylisch, aus Schiefer, aber warum unnötig Geld ausgeben? Schneiden Sie sich passende Streifen aus Kunststoffbechern (Joghurt) oder -flaschen aus und beschriften Sie sie mit wasserfestem Marker. Erledigt!

Wunderbare Weiden: Damit brauchen Sie weder Stangen, Bögen noch andere Pflanzenstützen zu kaufen.

Weidenruten sind ein fantastisches Material – sie sind billig, äußerst biegsam und sehr stabil. Mit erstaunlich wenig Aufwand werden sie zu Stangenzelten (Wigwams) für Stangenbohnen, Pflanzglocken, Tunnel und sogar zu Spielhäusern für Kinder. Es macht Spaß, mit Weiden zu basteln. Weiden geben einem Garten Charakter und Charme, und mit den nachhaltigen Ruten schonen Sie zudem die Umwelt. Nicht jeder hat das Glück, Weidenruten aus dem Garten eines Bekannten zu bekommen, doch im Internet finden Sie Anbieter von Weidenruten (Flechtweiden). Sie liefern die benötigten Mengen und Längen. Mit einem oder zwei Bündeln kommen Sie für wenig Geld bereits ziemlich weit. Möglicherweise finden Sie sogar einen Anbieter (Gartencenter) in Ihrer Nähe und sparen die Transportkosten.

Welche Weiden soll ich kaufen?

Wenn sich das geplante Objekt nicht bewurzeln soll, liegen Sie mit braunen Weidenruten richtig. Für die Suche im Internet sollten Sie aber ein paar „Weiden-Begriffe" kennen, damit Sie wissen, wonach Sie suchen müssen.

Einzelne Weidenzweige heißen „Ruten"; mehrere Ruten werden zu „Bündeln" gebunden. „Lebende", „grüne", „frische" oder „Weidenstecklinge" wurden frisch geschnitten, sind sehr biegsam und schlagen rasch Wurzeln im Boden. Anbieter unterscheiden zwischen verschiedenen Weidenarten (stark- bis schwachtriebig, krankheitsresistent) und belaubten bzw. blattfreien Ruten. Hinter grünen Sichtschirmen aus lebenden Weiden verstecken Sie Mülltonnen oder Kindertrampoline. Die erforderlichen grünen Weiden sind allerdings nur zu den Pflanzzeiten von Winter bis Frühlingsmitte erhältlich.

„Braune", „rote" oder „geschälte" Weiden wurden geschnitten und getrocknet oder gekocht. Sie werden ganzjährig angeboten und sind billiger als lebende Weiden. Solche Ruten schlagen nicht mehr aus und müssen vor dem Flechten oder Biegen in Wasser wieder biegsam gemacht werden. Als Faustregel gilt: je Meter Weidenrute etwa drei Tage lang wässern. Eine 2 m lange Rute sollte also sechs bis sieben Tage im Wasser quellen und dann innerhalb von zwei bis drei Tagen verarbeitet werden.

Zum Wässern der Weidenruten gibt es spezielle Kunststoffbeutel. Letztlich sind das wasserdichte Säcke, in die man die Ruten einlegt. Wenn die Ruten nicht zu lang sind, geht das auch in einer Badewanne – allerdings ist das Bad dann einige Tage belegt. Eine simple Lösung ist ein Trog aus Teichfolie: Legen Sie ausreichend hoch und stabil Ziegelsteine, Kästen, Stämme oder andere genügend schwere Objekte entlang der Folienränder und füllen Sie (nicht zu viel) Wasser ein.

In großen Gärten lohnt sich sogar eine eigene „Weidenplantage". Damit stehen Ihnen ohne weitere Kosten stets genügend Weidenruten zur Verfügung, mit denen Sie arbeiten können.

Wie viele Weidenruten benötige ich für was …

Ein Bündel mit 1 kg brauner Weide enthält etwa 100 Ruten, die sich bestens für kleine Projekte eignen. Nicht verwendete Weidenruten werden trocken gelagert. Für ein Stangenzelt brauchen Sie etwa 13 Ruten, für eine Pflanzglocke etwa 10 und für ein Spielhaus für Kinder (siehe S. 74) etwa 45 Ruten.

… und wie lang sollten die Ruten sein?

Das hängt vom geplanten Projekt ab. Rechnen Sie zur Höhe des Objektes etwa 15 cm hinzu, denn die Ruten werden in den Boden gesteckt. Weidenruten sind an einem Ende dicker und laufen an der Spitze sehr schmal zu.

Ein einfacher Weiden-Wigwam für Bohnen, Erbsen, Wicken oder Tomaten

Dieser Wigwam (Stangenzelt) ist ideal für kletternde Pflanzen; es sieht toll aus, wenn sich Stangenbohnen, Wicken oder Erbsen daran hochranken. Fertige Wigwams bekommen Sie natürlich auch im Gartencenter, doch warum kaufen, wenn Sie es für deutlich weniger Geld selbst bauen können? Ein selbst gebauter Wigwam sieht individuell und natürlich aus und hält mindestens fünf Jahre lang.

Sie brauchen

13 Stk. ca. 180 cm lange braune Weidenruten (einweichen, siehe S. 126); statt Weide können Sie auch biegsame Ruten von Haselnuss oder Hartriegel nehmen

Gartenschnur

Astschere

Wann?

Ganzjährig

> **Brechen Sie bei Stabtomaten, die auf dem Wigwam wachsen, regelmäßig die Seitentriebe aus, sonst wird es kopflastig und instabil.**

So wird's gemacht!

Überlegen Sie sich, wie groß der Wigwam werden soll und malen Sie den unteren Durchmesser mit einem Stock direkt am Standort auf den Boden. Stecken Sie sieben Ruten auf dem Kreisbogen in gleichem Abstand etwa 10 cm tief in den Boden. Binden Sie die Stangen oben zu einem Wigwam zusammen. Die Verbindungsstelle sollte möglichst genau über dem Kreismittelpunkt liegen.

Nehmen Sie zwei weitere Weidenruten und biegen diese vorsichtig zum Kreis, ohne sie zu zerbrechen. Je nachdem, wie flexibel sie sind, werden am dicken Ende 50–80 cm abgeschnitten. Arbeiten Sie nur mit den dünnen Stücken weiter (die dicken Abschnitte geben gute Pflanzenstützen ab). Nun binden Sie die dicken Enden der Ruten mit einer Schnur zusammen und schieben sie direkt am Boden über eine der aufrechten Ruten, sodass sie die aufrechte Rute zwischen sich einschließen (vergleichen Sie auch die mittlere Abb. auf S. 130). Binden Sie das Paar in dieser Position an der aufrechten Rute fest. Flechten Sie nun das Rutenpaar in einer weiten Schraube zwischen die aufrechten Stützen – an jedem Kontakt mit einer aufrechten Stütze wird das Rutenpaar verdreht, um eine höhere Stabilität zu erreichen. Binden Sie das Rutenpaar am Ende an einer der aufrechten Ruten fest. Wiederholen Sie dieselbe Prozedur mit zwei weiteren Rutenpaaren an einer jeweils anderen aufrechten Rute, sodass die Schrauben etwa gleichen Abstand voneinander haben. Binden Sie eventuell herausstehende Stücke oder Schnüre fest – jetzt kann der Wigwam nach Lust und Laune bepflanzt werden.

Rechts Eingeweichte Weidenruten sind biegsam und lassen sich zu einer Schraube flechten. Drücken Sie für mehr Stabilität die unteren Enden gegen die Wand des Topfes.

Unter dem Schutz einer Pflanzglocke

Pflanzglocken sind in vielen Versionen erhältlich, von relativ preiswerten Kunststoffkuppeln bis zu teuren Stücken aus Glas. Diese selbst gemachte Pflanzglocke kostet nicht viel und schützt Ihre Jungpflanzen vor Wind, Kaninchen und Vögeln. Mit aufgelegtem Gartenvlies bietet sie empfindlichen Arten Schutz vor Winterkälte, mit Insektennetzen Schutz vor Raupen, Blattläusen und Möhrenfliegen.

Sie brauchen

10 Weidenruten; entweder braune (eingeweicht) oder eine Mischung aus braunen (für die Träger) und grünen (zum Flechten). Wenn Sie keine grünen Weidenruten bekommen, nehmen Sie Brombeertriebe (Stacheln entfernen)

Astschere

Gartenschnur oder Kabelbinder

Schere

Wann?

Ganzjährig

So wird's gemacht!

Da die Pflanzglocke an Ort und Stelle gebaut wird, wird zunächst der Standort festgelegt. Stecken Sie das dicke Ende einer Rute in den Boden und biegen Sie daraus einen Bogen. Schneiden Sie vom dünnen Ende so viel ab, bis die Höhe der Glocke passt, dann das dünne Ende in die Erde stecken. Wiederholen Sie die Prozedur mit zwei weiteren Ruten – fertig ist die einfache Pflanzglocke.

Legen Sie nun zwei der grünen Weidenruten (oder dünne, biegsame, braune) beiderseits eines Trägers zusammen; gut festbinden. Verdrillen Sie die beiden Ruten und flechten Sie sie ringförmig zwischen die Träger der Kuppel. Wiederholen Sie die Prozedur, beginnend an einem anderen Träger, bis der Ring geschlossen ist. Legen Sie etwas höher einen weiteren Ring an – die Zahl der Ringe bleibt Ihnen überlassen. Binden Sie freie Enden mit einer Schnur gut fest.

Von oben nach unten Zwei in den Boden gesteckte Weidenruten bilden die Grundstruktur. Zur Verstärkung werden je zwei horizontale Ruten beiderseits eines Trägers zusammengelegt und um die anderen geflochten.

Brauche ich einen Hochbeet-Bausatz?

Sie möchten Gemüse kultivieren und das unbedingt im Hochbeet (siehe S. 98)? Dann können Sie entweder einen Bausatz kaufen oder das Beet in Eigenarbeit bauen. Der Handel bietet ein breites Spektrum von preiswerten bis luxuriösen Modellen an. Alle halten mehrere Jahre, sind aber meist klein, sodass mehrere Exemplare erforderlich sind. Außerdem müssen Sie selbst praktische Systeme in Eigenarbeit zusammenbauen. Kalkulieren Sie alle Kosten ein, sonst geraten Ihre Möhren und Brokkoli zu Luxusprodukten, die Sie auch einfliegen lassen könnten.

Alle frei konstruierten Hochbeete basieren, unabhängig vom gewählten Material, auf derselben Grundkonstruktion: An den Ecken werden vier Pfosten in die Erde geschlagen und daran die vier Seiten – Holz oder anderes Material – befestigt. Die Seitenteile werden mit Nägeln oder Schrauben an den Eckpfosten befestigt.

Mit wenigen, größeren Beeten sparen Sie gegenüber vielen kleinen Hochbeeten eine Menge Geld und Stress. Ein einfaches Rechteck ist leichter zu konstruieren als ein schickes Achteck oder eine andere Form. Tatsächlich kommt es weder auf Form noch Größe an, solange Sie vom Rand aus die Mitte des Beetes erreichen. Die Wegbreite zwischen den Beeten sollte mindestens 45 cm betragen, damit sie von allen Seiten gut zugänglich sind.

Noch ein Tipp, bevor Sie loslegen: Wenn das Beet auf Beton oder einer anderen festen Unterlage stehen soll, muss der Rand mindestens 45 cm hoch sein, damit sich die Wurzeln ausbreiten können. Für Hochbeete auf Gartenboden reichen 20–30 cm Randhöhe. Denken Sie aber daran, die Seitenbretter 2–3 cm tief in den Boden einzulassen, um die Konstruktion zu verstärken.

Clever gärtnern

Wenn Sie das Hochbeet auf Gras anlegen, stechen Sie die Grasnarbe ab und legen Sie sie mit der Grasseite nach unten ins Beet. Die Grassoden verrotten und verbessern den Boden.

Woraus selbst bauen? Hochbeet – die Optionen

Abfallholz

Pro: Kostenlos

Kontra: Nicht imprägniertes Holz fault nach spätestens drei bis vier Jahren durch. Sie müssen sägen.

Imprägniertes Holz oder Bretter vom Gerüstbau

Pro: Sehr robust, attraktiv, lange haltbar, problemlos zu jäten und pflegen.

Kontra: Wenn Sie nicht preiswert oder kostenlos an das entsprechende Holz kommen, sind solche Bretter überraschend teuer. Nehmen Sie auf keinen Fall geteertes Holz; die Chemikalien dringen in den Boden ein.

Hasel und Weide

Pro: Preiswert und attraktiv.

Kontra: Hält maximal vier Jahre und muss zeitaufwändig geflochten werden (Anleitung siehe S. 132); Unkräuter können durch die Flechtkanten wachsen.

Steine und Ziegelsteine

Pro: Billig oder kostenlos, kann attraktiv aussehen.

Kontra: Ohne Mörtel halten nur zwei Steinreihen übereinander, sonst wird die Mauer instabil. Damit sind die Beete relativ flach (12–15 cm), Unkräuter siedeln sich in den Ritzen an und Schnecken finden viel zu gute Verstecke.

Extragroße Schuttsäcke

Pro: Billig, sofort verfügbar, tief genug auch für große Pflanzen.

Kontra: Ohne eine Verkleidung aus Weiden nicht besonders attraktiv.

Ein Hochbeet aus Weiden und Haselgeflecht

Wer in der glücklichen Lage ist, an Weiden- und Haselruten zu kommen, kann sogar ein kostenloses Hochbeet konstruieren. Schauen Sie im Internet nach günstigen Angeboten. Der Bau macht Spaß und das Ergebnis ist ein rustikales, hübsches Beet mit natürlichem Charme. Mehr über Weiden finden Sie auf S. 126; *Wunderbare Weiden*.

Sie brauchen

Mindestens 5 cm dicke Haselnussstöcke (oder anderes Holz); sie sollten so gerade wie möglich sein (keine grüne Weide; sie schlägt Wurzeln)

Bandmaß

Säge

Teppichmesser

Holz- oder Gummihammer

Astschere

Eine Handvoll Weidenruten, mindestens so lang wie die längste Beetseite

Teich- oder dicke schwarze Kunststofffolie, oder Unkrautfolie (optional)

Schere (optional)

Wann?

Die besonders biegsamen, grünen Weidenruten werden von Winter bis Frühlingsmitte angeboten. Braune Weiden sind ganzjährig erhältlich; sie sind aber starrer und müssen vor dem Flechten eingeweicht werden (siehe S. 126).

So wird's gemacht!

Sägen Sie die Haselstöcke, je nach geplanter Beetlänge in 10–12 ca. 30 cm lange Abschnitte. Spitzen Sie ein Ende mit dem Teppichmesser an und schlagen Sie die spitzen Pfähle auf der Umrisslinie des Beetes ein. Beginnen Sie an den Ecken und machen Sie die Abstände so gleichmäßig wie möglich.

Legen Sie das dicke Ende einer Weidenrute innen an einen der Eckpfähle und flechten Sie die Rute um die Pfähle. Achten Sie darauf, grüne Weiden nicht in die Erde zu stecken – sie könnten sich bewurzeln.

Grüne Weiden sind so flexibel, dass sie sich sogar um einen Eckpfosten flechten lassen. Wenn die Rute „zu Ende" ist, setzen Sie eine neue an. Die braunen Weidenruten sind nicht so biegsam, sie beginnen und enden an den Eckpfosten. Schneiden Sie an den Ecken überstehende Ruten mit der Astschere ab. Wenn alle vier Seiten geflochten sind, folgt die nächste Lage.

Flechten Sie die Weidenruten diesmal genau alternierend, um dem Rand mehr Halt zu geben. Fahren Sie fort, bis die Enden der Pfosten erreicht sind; drücken Sie die Ruten vorsichtig nach unten, um die Lücken zu schließen.

Es ist zwar nicht unbedingt nötig, den Rand innen auszukleiden, aber eine Folie verlängert das Leben der Ruten. Unkrautfolie hält das Unkraut zwischen den Lücken fern und Kunststoff-/Teichfolie schützt die Weiden zusätzlich vor Nässe. Schneiden Sie Streifen ab, die etwas breiter sind als die Höhe der Einfassung und legen Sie die Folie von innen an.

Jetzt wird das Beet mit Erde gefüllt und kann bepflanzt werden.

Clever gärtnern

Muttererde ist relativ teuer und schwer.
Versuchen Sie daher, Erde aus einem anderen Bereich
Ihres Gartens zu nehmen – etwa den Aushub
von Wegen um die Beete – und füllen Sie damit
kostensparend das Hochbeet.
Die Wege werden mit Rindenmulch aufgefüllt;
er ist leichter und billiger.

Brauche ich ein Gewächshaus?

Passionierte Gärtner verzichten nur ungern auf ein Gewächshaus: Es verbreitet das Spektrum möglicher Arten – Gewächshäuser holen die Pflanzen der Welt in den Garten. Außerdem können Sie früher mit der Gemüsekultur beginnen, Stecklinge und andere Ableger vor der Winterkälte schützen oder empfindliche Pflanzen kultivieren, die draußen sonst eingingen. Das Gewächshaus liefert bessere Ernten von Auberginen und Paprika und sorgt für freie Fensterbänke im Haus, auf denen nun ab dem Vorfrühling keine Töpfe mit Jungpflanzen mehr stehen.

Natürlich gibt es einen Wermutstropfen: Gewächshäuser sind nicht ganz billig. Ein Spitzenmodell kann mehr kosten als ein Luxusurlaub für die Familie. Selbst ein nicht besonders attraktives, preiswertes Gewächshaus aus matten Polycarbonatplatten (nicht Glas) kostet etwa so viel wie ein Gartenschuppen.

Sie sind nicht bereit, so viel Geld für ein Gewächshaus auszugeben? Es gibt eine Alternative. Auch ein Frühbeet hält die Pflanzen im Winter trocken, warm und gut geschützt. Sie können darin frühe Aussaaten schützen oder empfindliche Stauden wie Pelargonien überwintern.

Ein erschwingliches Frühbeet selbst bauen

Liegen in Ihrem Garten vielleicht alte Ziegelsteine herum? Hier werden sie sinnvoll verwendet. Andernfalls bekommen Sie im Baustoffhandel für wenig Geld einfache Ziegelsteine. Auch dünnes Polycarbonatglas kostet nicht die Welt und hält Jahre lang.

Sie brauchen
Ziegelsteine
1 Platte doppelwandiges Polycarbonatglas

Wann?
Ganzjährig; Sie können das Frühbeet auch kurzfristig für die Frühjahrkultur aufbauen und dann wieder verstauen, um den Platz anderweitig zu nutzen.

So wird's gemacht!
Stapeln Sie die Steine in der Größe der Platte aufeinander. Machen Sie die vordere Wand mindestens zwei Steinlagen niedriger als die hinterste Reihe. Ein Steinstapel in der Mitte sorgt für größere Stabilität. Legen Sie die Platte auf und legen Sie ein paar Steine als Gewicht drauf (Wind!).

Rechts Der beste Platz für ein Frühbeet ist vor einer warmen, schützenden Mauer.

Lassen Sie das Früh-
beet stehen oder
räumen Sie alles weg,
wenn das Frühbeet
nicht gebraucht wird –
so gewinnen Sie Platz.

Ein gesunder Garten (fast) ohne Kosten

Das viel zitierte Mantra „Kümmere Dich um den Boden und die Pflanzen kümmern sich um sich selbst" enthält viel Wahrheit. Die meisten Böden profitieren von reichlichen Kompostgaben. Pflanzen – vor allem die hungrigen Gemüsepflanzen und etliche andere – brauchen guten Boden. Kompost verbessert die Durchlässigkeit, verhindert Staunässe und versorgt den Boden mit Nährstoffen.

Wenn Sie eine Quelle haben, ist verrotteter Stallmist oder Kompost vom Bauernhof sicher die beste Alternative, alle übrigen Gärtner müssen ihren Kompost aus Gartenabfällen selbst herstellen. In der Tat ist die Kompostierung keine Geheimwissenschaft – es geht einfach, kostet nichts und Kompost lässt die Pflanzen wachsen. Küchenabfälle, die auf dem Kompost landen, reduzieren den Biomüll und auch der Grasschnitt muss nicht mehr säckeweise durchs Haus in die Tonne getragen werden.

Es dauert etwa sechs Monate, bis sich Garten- und Küchenabfälle, abgeschnittene Zweige und Gras in nährstoffreichen, schokoladenfarbenen, krümeligen Kompost verwandelt haben. Breiten Sie den Kompost im Frühling oder Herbst auf den Beeten aus und überlassen Sie die übrige Arbeit den Würmern. Mulchkompost hält die Feuchte im Boden und unterdrückt Unkräuter.

Sie brauchen nicht einmal einen Kompostsammler. Werfen Sie in einem großen Garten die organischen Abfälle – Blätter, Rasenschnitt und Bananenschalen – auf einen Haufen, bis sie verrotten. Allerdings verhindert ein ordentlicher Kompostsammler, dass Sie Pflanzenabfälle auf dem Rasen wiederfinden.

Erst fragen, dann kaufen: Erkundigen Sie sich bei Ihrem Abfallverwerter, ob er Ihnen alte, ausrangierte Tonnen preiswert oder sogar kostenlos überlässt.

Einen Kompostsammler selbst bauen

In jedem Gartencenter oder im Internet werden alle möglichen Kompostsammler und Schnellkomposter angeboten: aus Kunststoff, Holz, rund, viereckig, zum Drehen oder Standmodelle. Vor allem die Holzkästen zum Zusammenstecken sind ihren Preis wert – achten Sie auf Online-Sonderangebote. Modelle aus solidem Holz sind von guter Qualität, dauerhaft und halten den Kompost feucht, haben aber ihren Preis. Ein Selbstbau ist auf jeden Fall billiger.

Sie können den Kompostsammler aus Brettern, alten Paletten oder Holzklötzen bauen, die an Eckpfosten genagelt werden – das Internet ist voll von Anleitungen. Die folgende Methode ist besonders einfach und geht schnell.

Sie brauchen

4 Baumstützen oder Zaunpfähle

Vorschlaghammer oder Pfosten-/Lochspaten; je nachdem
wie hart der Boden ist

Kunststoffnetz (1 × 4 m)

Gartenschere

Kunststoffbänder (Flexi-Tie®; Internet) oder Kabelbinder
(Gartenschnur ist nicht dauerhaft genug)

80 × 80 cm Teichfolie, alter Teppich, dicke Pappe oder
Kunststoff als Isolierung für den Kompost und um den
Regen abzuhalten

So wird's gemacht!

Der Kompostsammler sollte auf Erde oder Gras stehen. Harte Oberflächen wie Beton oder Pflaster scheiden aus. Schlagen Sie die Eckpfosten für ein Quadrat von 80 × 80 cm in die Erde. Bei sehr hartem Boden empfiehlt sich ein Pfostenspaten. Rollen Sie das Netz auf, falten es in der Mitte und schneiden es entlang der Falz mit der Schere auseinander. Die beiden 2 m langen Stücke werden noch einmal gefaltet und auseinandergeschnitten – Sie haben nun also vier 1 m lange Netze. Befestigen Sie die Netze mit Kabelbindern oder Kunststoffbändern an den Eckpfosten (oben, unten und in der Mitte); es darf nirgends durchhängen. Überstehendes Netzmaterial wird mit der Schere abgeschnitten. Befüllen Sie den Kompostsammler und decken Sie das Material jeweils mit Kunststoff, Teppichen oder Pappe ab.

Alle paar Monate wird der Kompost umgeschichtet, um die Verrottung zu beschleunigen. Schneiden Sie dazu die Befestigungen an einem Pfosten durch und schlagen Sie das Netz zur Seite. Nach dem Umschichten wird das Netz wieder befestigt.

Was darf auf den Kompost und was nicht?

Erlaubt

Ungekochte Obst- und Gemüseschalen und andere Abfälle

Zerrissene Pappe (handgroße Stücke)

Eierschalen (ausspülen, damit keine Ratten angelockt werden)

Rasenschnitt (schichtweise abwechselnd mit Pappe, sonst verklumpt das Gras und fault)

Gehölzschnitt

Zweige und Äste, die dünner sind als ein Finger; in Stücke geschnitten

Nicht erlaubt

Gekochte Obst- oder Gemüseabfälle

Fleisch, Fisch, Eier und Milchprodukte

Zweige oder Äste, die dicker sind als ein Finger

Blühende Unkräuter; sie verteilen ihre Samen über den Kompost wieder in die Beete

Unkrautstauden; sie können im Kompost Wurzeln schlagen und weiter wachsen (siehe S. 145 ff; *Unkraut zu Dünger*)

Gleichgültig, ob Sie einen Kompostsammler kaufen oder selbst bauen, entscheidend ist eine Grundfläche von mindestens 80 x 80 cm und eine Höhe von 1 m. In kleineren Sammlern dauert der Verrottungsprozess einfach zu lange.

Rechts Eine kurzfristige und noch preisgünstigere Variante ist ein Sammler aus solchen Bambusstreifen, der sich gut in den Garten einfügt. Bambus ist von Natur aus wasserabweisend und hält mehrere Jahre. Bambusmatten werden in Gartencentern oder Baumärkten als Sicht- oder Windschutz angeboten. Schlagen Sie vier Eckpfosten (siehe oben) in die Erde und wickeln Sie die Matte darum – jeweils mit Kabelbindern oder Kunststoffbändern befestigen.

Wurmkomposter

Wenn Ihr Garten zu klein für einen „echten" Komposthaufen ist, können Sie mithilfe tatkräftiger Würmer Ihren Pflanzen etwas Gutes tun. Ein Wurmkomposter ist ideal für kleine Gärten, Balkon oder Terrasse: Er braucht kaum Platz (etwa ein Fünftel eines üblichen Komposthaufens) und da er keinen Kontakt zum Boden braucht, kann er auch auf Pflaster oder Beton stehen. Würmer verwandeln Pflanzenabfälle viel schneller in Kompost als ein normaler Komposthaufen – schon nach drei Monaten ernten Sie nährstoffreichen, krümeligen, braunen Kompost, den Sie in Gartenerde oder Blumentöpfe einarbeiten können. Kleiner Aufwand, große Wirkung!

Wurmkomposter sind eine faszinierende Mischung aus Kompostsammler und pflegeleichtem Haustier. Sie füttern Ihre kleinen Würmer – wenig aber häufig – und sehen dabei zu, wie sie Küchenabfälle und Pappstückchen in kostbaren Pflanzendünger verwandeln.

Erst fragen, dann kaufen: Würmer

Die beste Quelle für Würmer ist ein aktiver, gut funktionierender Wurmkompost. Die Würmer daraus sind nicht nur kostenlos, sondern auch gesund. Wenn Sie zusätzlich etwas von dem Substrat mitnehmen, fühlen sich die Würmer in ihrem neuen Heim gleich wohl. Wenn jemand in Ihrem Bekanntenkreis einen Wurmkomposter betreibt, bitten Sie ihn um einige Hände voll Würmer (etwa 200 Stück reichen für den Anfang) mit Substrat. Die Würmer werden in einem Eimer oder einer Box transportiert und kommen dann in den heimischen Wurmkomposter.

... selber bauen

Natürlich kann man fertige Wurmkomposter kaufen, sie sind aber nicht ganz billig. Glücklicherweise kostet der Eigenbau nur wenig Geld, denn eigentlich brauchen Sie nur eine gewöhnliche Kunststoffbox mit Deckel aus dem Baumarkt.

Sie brauchen

1 Kunststoffbox, etwa 50 × 50 cm und 25 cm hoch; mit Deckel

Bohrmaschine mit 2,5–5 mm Bohrern

2 Ziegelsteine oder etwas Ähnliches als Unterlage

Pappe; ideal sind alte Kartons

Wurmsubstrat aus einem funktionierenden Wurmkomposter, Gartenkompost oder gut verrotteter Stallmist (gekaufte Würmer werden mit Substrat angeliefert)

500 g Kompostwürmer aus einem funktionierenden Wurmkomposter (siehe Gegenseite), übers Internet oder aus einem Angelgeschäft. Kaufen Sie entweder Mistwürmer (*Eisenia fetida*) oder Rotwürmer (*Eisenia hortensis*, syn. *Dendrobaena veneta*).

Küchenabfälle

So wird's gemacht!

Bohren Sie etwa 15 Löcher in den Boden der Box – sie versorgen die Würmer mit der lebensnotwendigen Luft – und zehn weitere Löcher oben in die Wände der Box. Der Deckel wird nicht angebohrt, da sonst Regenwasser eindringen würde. Stellen Sie den Wurmkomposter nicht in direkte Sonne. Ideal ist ein Platz hinter einem Gartenschuppen auf Ziegelsteinen oder Blöcken, um die Durchlüftung zu verbessern.

Schneiden Sie ein Stück Pappe aus, das genau in den Boden der Box passt. Da Würmer kein Tageslicht mögen, müssen durchsichtige Boxen abgedunkelt werden: Schneiden Sie passende Pappstücke aus und decken Sie damit die Seiten der Box ab (innen einschieben).

1. Legen Sie den Boden der Box mit Pappe aus; mit Wasser befeuchten.

2. Die Seiten von durchsichtigen Boxen werden ebenfalls mit Pappe verkleidet.

3–4. Kippen Sie die Würmer vorsichtig auf eine Lage Wurm- oder Gartenkompost.

5. Streuen Sie ein paar Hände voll geschnittene rohe Früchte oder Gemüse darüber.

6. Geben Sie zerrissene Pappe dazu.

7. Decken Sie den Kompost mit Pappe ab und legen Sie den Deckel auf. Stellen Sie die Box an einen geschützten Platz außerhalb direkter Sonneneinstrahlung auf Ziegelsteine, damit überschüssiges Wasser ablaufen kann.

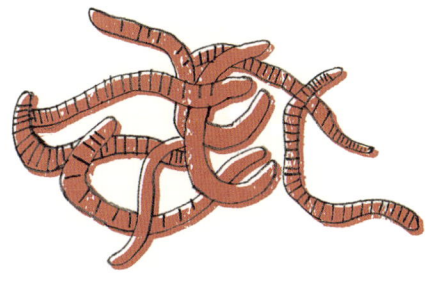

Ein gesunder Garten (fast) ohne Kosten   **143**

Füllen Sie nun 3–5 cm hoch eine Lage Wurm- oder gut verrotteten Gartenkompost ein. Schütten Sie die Würmer vorsichtig in die Box und streuen Sie klein geschnittene Pflanzenabfälle darüber. Für den Anfang reicht die Menge einer Banane, eines Apfels oder einer Möhre. Decken Sie eine Lage Pappe darüber, damit alles feucht bleibt und legen Sie den Deckel wieder auf.

Clever gärtnern

So hält Blumenerde länger durch. Wurmkompost ist besonders nützlich für Topfgärtner, da er altes Substrat neu belebt. Das Problem kennt jeder, der Gemüse in Töpfen kultiviert: Wenn das Gemüse geerntet ist, bleibt von Wurzeln durchzogenes, trockenes Substrat übrig. Statt es wegzuwerfen und neues zu kaufen, sieben Sie die Wurzeln mit den Fingern heraus (sie kommen in den Wurmkomposter) und vermischen das alte Substrat mit einer Handvoll Wurmkompost. Die Mischung eignet sich gut für Blumen oder Gemüse mit geringen Nährstoffansprüchen wie Salate, Möhren oder Erbsen. Nur „hungrige" Gemüse wie Tomaten, Kartoffeln, Paprika und Zucchini brauchen jedes Mal neues Substrat.

Die Pflege des Wurmkomposts

Füttern Sie die Würmer mit kleinen Mengen, aber oft mit fein geschnittenen Abfällen, die sie bewältigen können. Zu viel Nahrung überfordert die Würmer; als Faustregel brauchen sie pro Tag die Menge, die einer Banane entspricht, den Kaffeesatz vom Frühstück, ein paar Apfelkerne und zerrissene Pappe von der Größe eines Din A4-Blattes. Wenn sich die Wurmkolonie etabliert hat und wächst, können Sie die Mengen steigern. Nach einiger Zeit wissen Sie, wie viel Futter Sie den Würmern zumuten können.

Was fressen die Würmer?

Kompostwürmer fressen alle Arten Früchte und Gemüse (keine Zitrusfrüchte und Zwiebeln, die viel Säure enthalten), dazu kleine Mengen gekochtes Essen wie Pasta, aber weder fettes Essen noch Fleisch und Fisch. Teebeutel und Kaffeesatz gehen in Ordnung. Auch zerdrückte Eierschalen sind empfehlenswert; sie reduzieren den Säuregehalt und liefern grobes Material, das die Würmer brauchen. Würmer lieben Pappe und schlucken gerne die klein gerissenen Pappröhren von Toiletten- und Küchenpapier (streichholzgroß) oder Zeitungspapier. Geben Sie Pappe/Papier und Küchenabfälle etwa in gleicher Menge zu. Wenn der Wurmkompost stinkt, haben Sie zu reichlich gefüttert und die Abfälle beginnen zu faulen. Entsorgen Sie die Abfälle und fangen Sie mit kleineren Mengen neu an.

Komposternte

Nach etwa drei Monaten sind Teile des Komposts erntereif. Heben Sie die obere Hälfte ab und lagern Sie sie in einem Müllsack zwischen. Darin befinden sich die meisten Würmer, die im Komposter bleiben sollen. Holen Sie den Rest heraus und arbeiten Sie den Kompost in den Gartenboden oder Töpfe ein. Es macht nichts, wenn darin noch ein paar Würmer leben; sie tun dem Boden gut. Schon eine Handvoll Wurmkompost revitalisiert das Substrat in einem 30-cm-Topf oder eine Gartenpflanze – rund um die Pflanze in den Boden einarbeiten. Wurmkompost darf nicht frei auf der Oberfläche liegen bleiben, da er sonst austrocknet und hart wird. Dann schütten Sie den Inhalt des Müllsackes wieder in den Komposter.

Unkraut zu Dünger

Inzwischen wissen wir also, wie der Boden verbessert wird, doch vor allem Obst- und Gemüsepflanzen wachsen besser mit zusätzlichem Dünger. Kommerzieller Dünger ist teuer und enthält häufig chemisch hergestellte Komponenten. Tatsächlich brauchen Sie keinen Kunstdünger. Stellen Sie Flüssigdünger selbst her – das geht ganz einfach.

Nette Nesseln

Dünger aus Brennnesseln enthält viel Stickstoff – wichtig für das Blattwachstum – und eignet sich daher gut für Salat, Spinat, anderes Blattgemüse, aber auch für Blumen. Es hat etwas Befriedigendes, eine stechende Unkrautpflanze in etwas Nützliches zu verwandeln.

Für einen Brennnessel-Grunddünger brauchen Sie zwei bis drei Armvoll Nesseln. Sie werden zerkleinert und kommen für mehrere Wochen in einen Eimer mit Wasser. Dann wird die Flüssigkeit abgegossen – Vorsicht, stinkt bestialisch! – und verdünnt, bis die Farbe schwarzem Tee gleicht. Die verdünnte Brühe wird um die Pflanzen gegossen. Nesseldünger ist auch gut für den Rasen (mit Gießkanne verteilen), denn der hohe Stickstoffanteil sorgt im Frühling für einen kräftigen Wachstumsschub.

Clever gärtnern

Dünger aus Unkräutern: Auf die gleiche Weise lassen sich alle Gartenunkräuter zu Dünger verarbeiten. Blühende einjährige Unkräuter gehören nicht auf den Komposthaufen, denn ihre Samen keimen schon im Kompost oder spätestens, wenn der Kompost auf den Beeten verteilt wird. Auch hartnäckige Unkrautstauden wie Ampfer, Brennnesseln oder Brombeeren, haben auf dem Komposthaufen nichts zu suchen. Sie bewurzeln sich und treiben wieder aus. Ein paar Wochen in einem Eimer mit Wasser töten sie jedoch endgültig ab und Sie bekommen als Zugabe einen nährstoffreichen Pflanzendünger, der wie die Brennnesselbrühe verdünnt und verteilt wird.

Oben Schneiden Sie nur das obere Drittel der Brennnesseln ab; Handschuhe nicht vergessen!

Eine kleine Brennnessel-Düngerfabrik

Wenn ein Eimer voller Brennnesseln Ihre Nase zu sehr beleidigt, dann probieren Sie die folgende Methode: Sie liefert konzentrierten Nesseldünger ohne durchdringenden Gestank – im Idealfall vor der Wand eines Schuppens oder an einem anderen abgelegenen Platz. Das Düngerkonzentrat hält sich im Glas für einen Monat. Der Trick funktioniert auch mit Beinwell (siehe S. 148).

Sie brauchen
1 große Kunststoffflasche
Schere oder Teppichmesser
Schraubglas mit Deckel
Handschuhe
Brennnesseln
1 Stock
1 Stein als Gewicht für die Nessel

Wann?
Frühling bis Sommer

So wird's gemacht!
Schneiden Sie den Boden der Flasche mit der Schere oder dem Messer ab. Nehmen Sie den Deckel des Schraubglases ab und stellen die Flasche mit der engen Öffnung nach unten hinein. Schneiden Sie einige Brennnesseln ab; zerkleinern und in die Flasche stopfen (Handschuhe!). Stampfen Sie die Nesseln mit dem Stock fest und legen Sie den Stein als Gewicht obendrauf. Lehnen Sie Glas und Flasche umfallsicher an eine Wand oder in eine Ecke – das war's.

Nach einigen Wochen tropft eine dunkle Flüssigkeit aus der Flasche ins Glas. Wenn Sie genug gesammelt haben, tauschen Sie das alte Glas (Deckel aufschrauben) gegen ein neues aus. Füllen Sie von oben mit frischen Nesseln auf. Das Düngerkonzentrat hält sich einen Monat und wird vor dem Gießen ungefähr auf die Farbe von Schwarztee verdünnt.

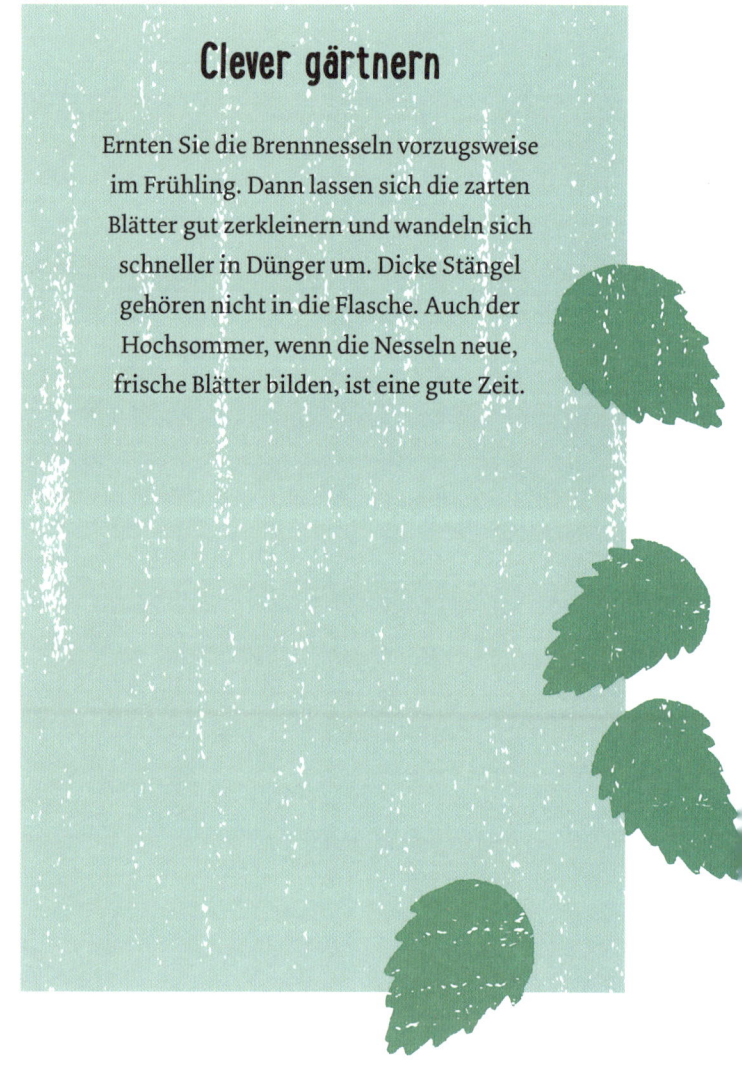

Clever gärtnern

Ernten Sie die Brennnesseln vorzugsweise im Frühling. Dann lassen sich die zarten Blätter gut zerkleinern und wandeln sich schneller in Dünger um. Dicke Stängel gehören nicht in die Flasche. Auch der Hochsommer, wenn die Nesseln neue, frische Blätter bilden, ist eine gute Zeit.

Rechts Pressen Sie die Blätter fest zusammen und erzeugen Sie dauerhaften Druck durch einen schweren Stein. Die Blätter sollen verrotten und nicht austrocknen.

Beinwell – Wellness für die Pflanzen

Beinwell ist der Rohstoff für den nachweislich besten Dünger. Für diese Staude sollte sich in jedem Biogarten ein Plätzchen finden. Beinwell bildet eine außerordentlich lange Pfahlwurzel (bis 3 m) und dringt damit in Bodenschichten vor, die anderen Pflanzen verschlossen bleiben. Die Nährstoffe reichern sich in den Blättern an. Aus den zerkleinerten, verrottenden Blättern wird ein Dünger zubereitet, der um die Gartenpflanzen gegossen wird. Eine einzige Beinwellpflanze liefert 10 kg Blätter pro Jahr!

Beinwell enthält zwei- bis dreimal mehr Kalium als Stalldung. Damit liefert er kostbaren Dünger für Blütenpflanzen und Obst, die dieses Element für gutes Wachstum benötigen. Tomaten, Kartoffeln, Paprika, Auberginen, Zuckermais, Kürbisse, Zucchini und andere nährstoffhungrige Pflanzen profitieren in der Wachstumsphase von ein, zwei Düngergaben pro Woche, für Gartenblumen genügt eine alle zwei Wochen. Sie können Beinwellblätter um die Pflanzen verteilen oder daraus einen Flüssigdünger herstellen.

Beinwell kultivieren

Kaufen Sie einige Beinwellpflanzen (siehe auch Kasten rechts; *Erst fragen, dann kaufen*) und pflanzen Sie sie in eine ruhige Ecke; sie werden bis zu 20 Jahre alt. Suchen Sie nach der russischen Sorte 'Bocking No. 14', da sich wilder Beinwell überall freigiebig aussät. Beinwell gedeiht in Sonne bis Halbschatten, passt also perfekt neben den Komposthaufen oder Gartenschuppen. Bienen lieben seine Blüten. Pflanzen Sie Beinwell mit 60 cm Abstand ein und halten Sie die Fläche so lang unkrautfrei, bis er sich etabliert hat. Im Herbst gepflanzter Beinwell kann im Sommer, im Frühling gepflanzter im nächsten Frühling geerntet werden.

Beinwell kann vier- bis fünfmal pro Jahr geerntet werden. Schneiden Sie die Pflanze in der Frühlingsmitte bis auf 5 cm über dem Boden ab; verwendet werden nur die Blätter. Tragen Sie bei der Arbeit Handschuhe, da Stängel und Blätter mit kratzigen Borstenhaaren besetzt sind. Geben Sie der Pflanze vier bis fünf Wochen Zeit, dann darf sie erneut abgeschnitten werden. Jeweils im Abstand von fünf Wochen sind noch zwei weitere Ernten möglich. Ab dem Frühherbst nicht mehr ernten, damit die Pflanze Reservestoffe für das nächste Jahr speichern kann.

Ganz rechts Da Beinwellblätter kaum Fasern enthalten, verwandeln sie sich leicht in Flüssigdünger. Beinwell kann vier- bis fünfmal pro Jahr geerntet werden.

Erst fragen, dann kaufen

Bitten Sie einen Bekannten, der Beinwell in seinem Garten kultiviert, um ein Exemplar – das Ausgraben geht ganz einfach. Die beste Zeit ist die Frühlingsmitte. Stechen Sie mit einem Spaten etwa 8 cm unter der Bodenoberfläche durch die Wurzel und heben Sie die grüne Pflanze ab. Die Wurzel wird wieder mit Erde bedeckt und treibt innerhalb weniger Monate wieder aus.

Teilen Sie die grüne Pflanze in Tochterpflanzen – sie verraten sich durch jeweils eigene Wachstumszentren. Trennen Sie die Tochterpflanzen und ein anhängendes Stück der Hauptwurzel (etwa 5–10 cm lang) mit der Schere ab. Eine Mutterpflanze liefert mindestens sechs Tochterpflanzen. Schneiden Sie alle unteren Blätter ab, da das Wurzelstück sie nicht versorgen kann; die oberen Blätter bis 5 cm unter der Sprossspitze bleiben dran. Halten Sie die Pflänzchen in einem Kunststoffbeutel feucht; sie werden so schnell wie möglich mit 60 cm Abstand eingepflanzt (abgeschnittene Blattstängel gerade oberhalb der Erdoberfläche).

Ein Beinwell-Abflussrohr

Der fantastische, kaliumreiche Flüssigdünger aus Beinwell ist sowohl für Tomaten und andere Nutzpflanzen als auch für Blumen ideal. Obwohl die folgende Maschine zugegeben obskur und sonderbar ausschaut, ist sie wirklich sinnvoll. Sie benötigt kaum Platz und kann unsichtbar hinter einem Schuppen stehen. Die konzentrierte Düngerlösung stinkt nicht so intensiv wie eine verdünnte Brühe. Sie brauchen nur die Blätter ins Rohr zu stopfen und der Dünger tropft unten in einen Behälter. Verdünnen Sie die Flüssigkeit 1:40 in Gießwasser (etwa eine Verschlusskappe pro Gießkanne). Eine stärker konzentrierte Brühe würde Ihren Pflanzen schaden. Das Rohr gibt's im Baumarkt.

Sie brauchen

1 Muffe für Abflussrohr
1 Verschlusskappe für Abflussrohr
1 Abflussrohr aus Kunststoff
   (1,50 m lang, 11 cm Durchmesser)
Kunststoffkleber
Bohrmaschine und 10 mm Bohrer
2 Rohrschellen mit Schrauben
Beinwellpflanzen 'Bocking No. 14'
1 Bambusrohr oder Stab
Wasserdichtes Gefäß, beispielsweise eine Büchse mit etwa
   demselben Durchmesser wie das Rohr
Kunststoffflasche mit Griff (etwa 1 l)
Kräftige Schnur
Kachel, Ziegelstein oder ähnliches

Wann?

Ganzjährig

So wird's gemacht!

Kleben Sie Muffe und Verschlusskappe an einem Ende des Rohrs fest. Bohren Sie ein Loch – 10 mm ist die ideale Größe – in die Mitte der Kappe. Hier tröpfelt die Flüssigkeit heraus. Befestigen Sie das Rohr mit den Schellen, Verschlusskappe nach unten, vertikal an einer Mauer, einem Schuppen oder Zaun. Lassen Sie darunter Platz für den Auffangbehälter.

Stopfen Sie die Beinwellblätter von oben in das Rohr; mit einem Stab nach unten bis auf den Boden drücken.

Stellen Sie den Auffangbehälter unter das Rohr. Füllen Sie die Kunststoffflasche mit Wasser und binden Sie die Schnur am Griff fest. Das andere Ende wird irgendwo sicher festgebunden. Das Gewicht der Flasche soll die Blätter zusammenpressen. Daher muss die Schnur lang genug sein, damit die Flasche tief ins Rohr sinken kann. Decken Sie die Öffnung des Rohrs gut mit einer Kachel oder einem Ziegelstein ab, damit kein Regenwasser eindringt und den Dünger verdünnt.

Nach etwa drei Wochen haben sich die Blätter zersetzt und eine geringe Menge Flüssigkeit hat im Behälter gesammelt. Verdünnen Sie diese kaliumreiche Flüssigkeit 1:40 mit Wasser und gießen damit Tomaten, Fruchtgemüse und andere Pflanzen. Sie können das Flaschengewicht jederzeit an der Schnur herausziehen und neue Blätter nachfüllen. Schrauben Sie das Rohr einmal pro Jahr ab und schütten Sie die Blattreste auf den Komposthaufen.

Schädlingskontrolle

In jedem Garten stellen sich unwillkommene Gäste ein. Schnecken und Raupen knabbern an den Blättern, Blattläuse und Schimmelpilze vernichten Keimlinge und schädigen sogar ausgewachsene Pflanzen. Wenn die Schnecken wieder einmal jegliche Hoffnung auf eine Bohnenernte zunichte gemacht haben, ist der Gang ins Gartencenter mit seinen „wirkungsvollen" chemischen Keulen sehr verlockend. Diese Mittel sind allerdings nicht nur unnötig teuer, sondern oft auch wirkungslos oder sogar schädlich – für Schädling, Pflanze und Mensch!

Gärten, in denen ein breites Spektrum unterschiedlicher Pflanzen und Tiere lebt, sind durch und durch gesund. Selbstverständlich leben in einem artenreichen Ökosystem Schädlinge – aber eben auch ihre natürlichen Feinde. Ein wirkungsvolles Spritzmittel gegen Blattläuse tötet auch deren natürliche Feinde wie Marienkäfer, Schwebfliegen und Florfliegen. Und wenn alle Blattläuse tot sind, wovon sollen Nützlinge leben? Locken Sie Nützlinge in den Garten und vertrauen Sie darauf, dass sich ein natürliches Gleichgewicht einstellt. Sie sehen dann zwar immer noch angeknabberte Blätter und Blattläuse, aber ein derartiger Garten ist wesentlich gesünder als eine Vernichtungsstrategie.

Jeder Schädling hat einen natürlichen Feind. Arbeiten Sie mit der Natur und nicht gegen sie, dann stellt sich im Garten schon bald ein gesundes, natürliches Gleichgewicht ein.

Zehn Tipps für einen natürlich gesunden Garten

1. Pflanzen Sie Pflanzenarten, die Schwebfliegen und andere bestäubende Insekten anlocken. Schwebfliegenlarven fressen Blattläuse, Milben, Schildläuse und Raupen. Fenchel, Efeu, *Verbena bonariensis* und Korbblütengewächse locken Schwebfliegen an.

2. Locken Sie Vögel in den Garten, denn sie fressen Schädlinge und Schnecken. Hängen Sie Futterhäuschen auf und pflanzen Sie Wildbeerengehölze wie Eberesche, Holzapfel, Zwergmispel, Geißblatt, Rosen (Hagebutten) und Blumen mit attraktiven Samen, z.B. Kugeldistel, Silberblatt und Sonnenblume.

3. Wehren Sie Schnecken ab, indem Sie deren Lebensräume zerstören. Sie verstecken sich gerne unter Töpfen. Heben Sie die Töpfe hoch und suchen Sie an den Seiten von Hochbeeten.

4. Pflanzen regelmäßig kontrollieren. Je früher ein Problem erkannt wird, desto leichter lässt es sich beheben. Zerdrücken Sie Blattläuse mit der Hand oder sprühen Sie Befallenes mit einem Wasserstrahl ab.

5. Das Risiko von Pilzkrankheiten wie Mehltau nimmt mit größerem Abstand zwischen den Nutzpflanzen und regelmäßigem Gießen ab.

6. Lassen Sie in größeren Gärten das Gras an einigen Stellen länger wachsen oder die Gartenränder verwildern, um Wildtiere anzulocken. Mähen Sie nur einmal jährlich, wenn der Garten zu unordentlich aussieht. Lassen Sie einige Brennnesseln wachsen, um daraus Dünger herzustellen.

7. Gesunde, kräftige Pflanzen sind weniger anfällig gegenüber Schädlingen und Krankheiten. Verbessern Sie den Boden mit Gartenkompost und selbst gemachtem Dünger.

8. Unter Stämmen, Blättern und Steinen verstecken sich Laufkäfer. Sie fressen nicht nur Drahtwürmer, Engerlinge, Raupen und Schnakenlarven, sondern auch Schnecken.

9. Marienkäfer – Larven und erwachsene Tiere – fressen jede Menge Blattläuse. Sie lassen sich mit nektar- und pollenreichen Blüten anlocken: am liebsten mögen sie Minze, Dill, Fenchel und Salbei.

10. Gesunde Pflanzen werden besser mit Krankheiten und Schädlingen fertig. Mulchen Sie Ihre Pflanzen im Frühling mit Gartenkompost oder gut verrottetem Stallmist für bessere Nährstoffversorgung.

Und wenn das alles nichts hilft …
Krankheiten und Schädlinge und wie man sie am besten biologisch und billig bekämpft

Schnecken

Schnecken mit und ohne Gehäuse sind der Fluch jedes Gärtners, vor allem im Gemüsegarten. Sie können binnen einer Nacht eine ganze Reihe junger Möhren vernichten – dem Gärtner bleibt nur hilflose Verzweiflung. Es gibt unzählige Tipps, Schnecken abzuwehren, von praktisch bis überspannt, aber letztlich laufen sie alle darauf hinaus, die Schnecken mit einem schmackhaften Angebot in eine Falle zu locken (und sie dann zu töten oder zu entfernen) oder sie direkt mit chemischen Mitteln zu erledigen. Letzteres ist einfacher und effektiver. Tatsächlich lohnt es sich, wertvolle Keimlinge durch ausgestreutes Schneckenkorn so lange zu schützen, bis sie herangewachsen sind und die schleimigen Angriffe besser verkraften. Entscheiden Sie sich für Schneckenkorn mit Eisen(III)-Phosphat. Das ist unschädlich für andere Tiere.

Das beste Mittel gegen Gehäuseschnecken ist die Suche nach ihren Verstecken. Sehen Sie am Tag am Rand von Hochbeeten unter und um Blumentöpfen und Kübeln nach. Auch Buchsbaum und andere Immergrüne sind gute Verstecke. Sammeln Sie die Schnecken ein – und dann? Die Schnecken unter der Sohle zu zerquetschen, ist wirkungsvoll, aber eklig. Sie über den Zaun zu werfen, wäre der nachbarlichen Beziehung nicht zuträglich (außerdem können Schnecken erstaunlich weit kriechen). Ich habe sie in einer Schüssel Rotwein vergiftet, aber die „Schneckensuppe" stank so eklig, dass ich sie nicht anrühren konnte und weg waren sie immer noch nicht. Inzwischen werfe ich sie schlicht in die Tonne mit dem Bioabfall.

Nacktschnecken sind noch schwieriger zu finden, vor allem die unauffälligen, dunklen Garten-Wegschnecken (in der Regel mit bräunlich-orangefarbenem Bauch), die sich im Boden verkriechen und große Schäden an Jungpflanzen anrichten. Dagegen sind die großen schleimigen Exemplare, die manchmal übers Pflaster kriechen nicht ganz so schlimm, da sie vorwiegend tote Pflanzen fressen. Wenn Sie aus Überzeugung gegen Schneckenkorn sind – selbst gegen Produkte auf der Basis von Eisen(III)-Phosphat – dann bleiben die folgenden Möglichkeiten.

1. Haferflocken. Schnecken mögen die guten alten Haferflocken, die um eine Pflanze gestreut werden. Im Magen der Schnecken quellen die Flocken auf und töten sie.
Pro: Billig, leicht zu besorgen.
Kontra: Müssen regelmäßig erneuert und in größeren Mengen verteilt werden, um zu wirken. Bei Regen quellen sie auf, bevor die Schnecken sie fressen; kann eklig aussehen.

2. Bierfallen. Schnecken mögen den Geruch von Bier (manche Gärtner schwören auf Wein oder Fruchtsaft) und kriechen in die Falle. Graben Sie einen Becher in den Boden ein. Lassen Sie den Becherrand 1 cm überstehen, damit keine Laufkäfer in die Falle gehen.
Pro: Billig, leicht zu besorgen.
Kontra: Muss regelmäßig erneuert werden; das Entsorgen ist eklig und die Brühe stinkt.

3. Kultivieren Sie die Pflanzen in Topfplatten oder Töpfen. Sie werden erst ausgepflanzt, wenn sie groß genug sind, um knabbernde Schnecken zu ertragen.
Pro: Effektiv.
Kontra: Direktsaat kostet weniger Zeit.

4. Ein schützender Kragen aus einer Kunststofftrinkflasche um jede Jungpflanze (Boden und oberes Ende der Flasche mit einer Schere abschneiden). Keine Schnecke schafft es bis zur Pflanze.
Pro: Umsonst, effektiv.
Kontra: Die Vorbereitung kostet Zeit; die Flaschen sehen nicht toll aus; lohnt sich nur für ausgesuchte Pflanzen; der Wind kann die Krägen umwehen.

5. Legen Sie Melonen- oder Grapefruitschalen umgekehrt ins Beet. Die Schnecken sammeln sich darunter und werden am Morgen aufgesammelt.
Pro: Kostenlos, solange Sie die Früchte nicht speziell dafür kaufen.
Kontra: Müssen regelmäßig ersetzt werden; etwas eklig.

Oben Schnecken lieben Haferflocken. Sie quellen im Magen auf und töten die Schnecke.

Oben In einer Bierfalle finden Schnecken den klebrigen Tod.

Blattläuse

Zahlreiche chemische Mittel in den Giftschränken der Gartencenter versprechen, die Blattläuse im Garten auszulöschen. Tatsächlich sind Blattläuse weniger schädlich als manchmal angenommen – sie schwächen die Pflanzen, töten sie aber nicht. Die Saftsauger machen die Pflanzen aber anfälliger gegen Viruskrankheiten; in der Folge sehen Blätter und Triebe verdreht oder gekräuselt aus. Außerdem wird das Pflanzenwachstum gehemmt. Sie können die Blattläuse – grüne, schwarze oder braune Arten – einfach und sehr effektiv bekämpfen: Sprühen Sie die befallenen Pflanzen jeden Tag mit einem kräftigen Strahl des Gartenschlauches ab, dann verschwindet die Bedrohung. Mutigere Gärtner zerquetschen die Blattläuse zwischen den Fingern.

Wenn Sie chemische Mittel vermeiden wollen, nehmen Sie Flüssigseife, die gegen Insekten wirkt. Sie ist sehr wirksam und, in einer großen Flasche gekauft, auch ihren Preis wert. Die Seife wird vor Gebrauch verdünnt und schädigt nur die Blattläuse, keine anderen Wildtiere.

Links Spritzen Sie die Blattläuse täglich mit dem Gartenschlauch ab, bis sie die Plage unter Kontrolle haben – ohne Chemie!

Echter Mehltau

Wenn die Blätter einer Zucchinipflanze wie mit Mehl bestäubt aussehen, dann hat der Mehltaupilz zugeschlagen. Er siedelt sich bevorzugt auf den Arten der Kürbisfamilie (dazu gehört auch die Gurke) an. Der Pilz hemmt die Photosynthese und kann selbst ausgewachsene Pflanzen schwer schädigen. Eine schlechte Durchlüftung der Pflanzen (im Gewächshaus oder zu dicht im Garten stehend) und trockene Wurzeln fördern den Befall. Pflanzen Sie Kürbisgewächse daher in ausreichendem Abstand und gießen Sie regelmäßig, damit sich der Pilz nicht festsetzen kann. Sollte sich Mehltau aber zeigen, verzichten Sie auf chemische Mittel, denn es gibt sinnvolle Abhilfe …

Ein Sprühmittel aus Milch gegen Mehltau

Wissenschaftler vermuten, dass die Milchproteine unter Sonneneinstrahlung eine antiseptische Wirkung entfalten und vorhandene Pilze verbrennen. Das Spray ist nur wirksam, wenn es alle zehn Tage bei heller Sonne versprüht wird. Setzen Sie es vorbeugend ein, bevor sich der Pilz endgültig in der Pflanze festsetzt.

Sie brauchen
Milch
Wasser
Sprühdose aus Kunststoff

Wann?
Am Tag bei strahlendem Sonnenschein

So wird's gemacht!
Füllen Sie die Sprühflasche mit einem Milch-Wassergemisch (1:1) und sprühen Sie alle gefährdeten/befallenen Stellen ein – auch die Blattunterseiten.

Oben Sprühen Sie gegen Echten Mehltau eine Milchlösung auf die Blätter.

Minierende Insekten

Wenn sich in den Blättern von Spinat, Mangold oder Roter Bete plötzlich gewundene, helle Spuren abzeichnen, war eines der vielen minierenden Insekten am Werk. Minierfliegen (zerdrücken, wenn Sie eine entdecken) legen ihre Eier auf den Blattunterseiten ab. Die schlüpfenden Larven fressen Gänge durch das Blatt und können bei starkem Befall ganze Pflanzen vernichten. Lassen Sie die Chemie beiseite und reißen Sie befallene Blätter sofort ab; Larven zerquetschen und auf den Komposthaufen werfen.

Möhrenfliege

Die Larven dieser Fliege fressen Gänge durch Möhren und machen sie ungenießbar. Oberirdisch verrät sich der Befall durch welkende Blätter und schwachen Wuchs. Da Möhrenfliegen nicht höher als 40 cm fliegen, sind Möhren in einem entsprechend höherem Gefäß für sie unerreichbar. Weitere Maßnahmen sind dichte Insektennetze oder Gartenvlies. Möhrenfliegen werden vom Geruch der Möhren angelockt; stark duftender Schnittlauch, Knoblauch oder Zwiebeln in der Nähe können sie verwirren. Allerdings müssten Sie dann für jede Möhre einen

Schnittlauch pflanzen, was Ihre Küche mit Schnittlauch überschwemmt. Eine Alternative sind gegen Möhrenfliegen resistente F1-Sorten, wie 'Resistafly', 'Ibiza' oder 'Sytan'.

Kraut- und Braunfäule

Der Pilz *Phytophthora infestans* kann Tomaten- und Kartoffelernten vernichten. In feucht-heißen Sommern, wenn ideale Bedingungen für die Sporenverbreitung herrschen, ist der Pilz besonders gefährlich. Die Symptome äußern sich als braune Flecken auf den Blättern, die sich immer weiter ausbreiten, bis Blätter und Stängel braun werden und absterben. Gegen die bereits ausgebrochene Krankheit gibt es leider kein Mittel. Dann müssen die Pflanzen ausgegraben und verbrannt werden (Sporen überleben auf dem Kompost!). Kartoffeln sind nur zu retten, wenn weniger als ein Viertel der Pflanzen befallen ist. Schneiden Sie das Grün bis zum Boden ab und graben Sie die Kartoffeln zwei Wochen später wie üblich aus. Die Kartoffelsorte 'Sarpo Mira' gilt als resistent, auch frühe Sorten sind günstig, weil sie vor dem Auftreten des Pilzes reifen. Entfernen Sie bei Tomaten sofort jedes befallene Blatt, um die Ernte zu retten.

Flohkäfer

Diese kleinen Käfer machen sich über Kohlgewächse und Rucola her und fressen winzige Löcher in die Blätter. Wenn man die Blätter berührt, hüpfen zahlreiche Käfer vom Blatt. Reife Pflanzen werden kaum geschädigt, aber die Löcher sehen unappetitlich aus, während Keimpflänzchen absterben können. Schmieren Sie etwas Vaseline auf ein Stück Pappe und streifen damit über die Pflanze. Die Käfer bleiben an der Karte kleben.

Schildläuse

Diese schildförmigen Insekten sehen aus wie kleine braune Muscheln oder Schuppen. Sie setzen sich unter den Blättern oder am Ansatz des Blattstiels fest. Es sind Saftsauger, die viele Pflanzen und Bäume schädigen. Mit Seifenlauge und einer alten Zahnbürste kann man sie leicht abbürsten.

Sternrußtau

Diese Pilzkrankheit äußert sich durch schwarze Flecken auf Rosenblättern. Sie breiten sich aus, bis die Blätter gelb werden und abfallen. Die ganze Pflanze wird geschwächt. Es gibt mehrere Mittel gegen Sternrußtau, wer jedoch chemische Mittel vermeiden und die Natur schonen möchte, sollte auf gesunden Menschenverstand setzen: Gießen Sie niemals über die Blätter und entfernen Sie sofort jedes befallene Blatt (in den Abfall, nicht auf den Kompost). Wenn die Blätter im Herbst abfallen, werden sie zusammen gerecht und entsorgt. Mulchen Sie im Frühling um die Stammbasis etwa 10 cm hoch mit gut verrottetem Stallmist, um die im Boden verbliebenen Sporen zu hemmen.

Rost

Birnbäume, Stockrosen und Löwenmäulchen sind anfällig. Der Befall äußert sich als gelbe, orange oder braune Pusteln, meist auf der Blattunterseite. Entfernen Sie rasch befallene Blätter, um die Ausbreitung einzudämmen. Pflanzen Sie nicht zu dicht, vernichten Sie befallene Teile und halten Sie die Blätter trocken.

Umfallkrankheit

Jeder angehende Gärtner wird diesen enttäuschenden Initiationsritus durchlaufen. Man sät im Zimmer, freut sich über die Keimlinge und plötzlich welken sie und sterben. Was ist geschehen? Mit größter Wahrscheinlichkeit fielen die Keimlinge einer Pilzkrankheit zum Opfer, die Keimlinge faulen lässt ("Keimlingsfäule"). Es gibt kein Gegenmittel, nur vorbeugen hilft.

Um das Befallrisiko zu senken, verwenden Sie zur Aussaat nur frische Anzuchterde und reinigen Sie gründlich alle Töpfe. Gießen Sie Keimlinge nicht mit Regen-, sondern mit Leitungswasser. Halten Sie das Substrat feucht, aber nicht nass; Staunässe fördert den Pilzbefall. Gießen Sie von unten – Töpfe in eine Schale mit Wasser stellen – damit das Substrat nicht zu nass wird.

Einige Gärtner schwören auf kalten Kamillentee, der täglich zur Vorbeugung auf die Pflanzen gesprüht wird. Andere streuen Zimtpulver auf die Erde. Probieren geht über … Wenn die Keimlinge trotz allem sterben, werfen Sie das Substrat weg und reinigen Sie Topf oder Schale gründlich mit heißer Seifenlauge.

Nützliche Adressen

rhs.org.uk

Die Website der Royal Horticultural Society bietet jede Menge nützlicher Tipps für den Garten – vom Schnitt und Einpflanzen bis zum Erziehen von Obstbäumen (auf Englisch).

gardenorganic.org.uk

Eine Organisation, die für biologisches Gärtnern eintritt. Die Mitgliedsbeiträge sind moderat; die Mitglieder haben Zugang zu Anleitungen für Kompostherstellung, Bodenbearbeitung und andere Techniken für den Biogarten (auf Englisch).

theseedsite.co.uk

Diese Website ist ziemlich komplex aufgebaut, doch wer sich durcharbeitet, findet eine großartige Zusammenstellung von Gartenpflanzen und Unkräutern in ihren frühesten Stadien – sehr nützlich für das Jäten (auf Englisch).

ebay.de

Hier sollten Sie unbedingt und regelmäßig vorbeischauen, es gibt eigentlich nichts, was nicht angeboten wird. Geduld und Ausdauer bei der Suche helfen.

Coole Upcycling-Garten-Blogs

upcycleme.fashionforhome.de
weupcycle.com
antik-natur.de/blog
upcyclethat.com/make-that/garden-make-that/

kartoffelvielfalt.de

Kartoffeln, Kartoffeln, Kartoffeln.

organicxseeds.com

Topaktuelle Datenbank, die über Verfügbarkeit von ökologischem, gentechnikfreiem Saat- und Pflanzgut informiert. Europaweit!

bingenheimersaatgut.de

Interessante Auswahl an biologisch-dynamischem Saatgut (Gemüse, Kräuter, Sommerblumen).

dreschflegel-saatgut.de

Zertifiziertes Bio-Saatgut in großer Vielfalt. Hof- und Internetverkauf!

de.freecycle.org

Weltweites Freecycle-Netzwerk mit regionalen Gruppen. Eine unerschöpfliche Quelle für kostenlos abzugebende Gegenstände. Hier finden Sie kreative Töpfe, Gefäße … alles, was Sie brauchen.

hydroplant.ch

Vertikal gärtnern? Hier finden Sie die Grundausstattung und „i-Tüpfelchen" per Mausklick.

manufactum.de

Wenn Sie doch einmal shoppen müssen, dann finden Sie hier hochwertige und „trendige" Accessoires sowie jede Menge Gegenstände im „Vintage-Look" – vom Etikett bis zum Tomatenstab.

manna.de

Allerlei Pflanzgefäße sowie alles rund ums Thema Düngen.

Register